PIGION TALWRN Y BEIRDD 9

●PIGION TALWRN Y BEIRDD●

TALWRN 9 Y BEIRDD

●GOLYGYDD GERALLT LLOYD OWEN●

Gwasg Gwynedd

Argraffiad Cyntaf — *Tachwedd 1998*

ISBN 0 86074 148 6

*Cyhoeddwyd ac argraffwyd
gan Wasg Gwynedd, Caernarfon.*

Cynnwys

Cyflwyniad	7
Telynegion	9
Englynion Cywaith	61
Penillion Mawl a Dychan	83
Penillion Ymson	98
Penillion Telyn	107
Cywyddau	111
Limrigau	163
Cwpledi	172
Englynion	179

Cyflwyniad

Erbyn y gwêl y detholiad hwn olau dydd bydd Radio Cymru eisoes wedi dechrau darlledu yr ugeinfed gyfres o Dalwrn y Beirdd ac, yn ôl pob sôn, mae'r rhaglen yn parhau i fod yr un mor boblogaidd ag erioed. Mae hynny'n dweud llawer am ein natur fel cenedl. Go brin y byddai rhaglen gyffelyb yn Saesneg, dyweder, yn llwyddo i ddenu'r fath groesdoriad eang o wrandawyr. Ond y gwir yw fod ynddi rywbeth at ddant pawb a chydbwysedd cyson rhwng y llon a'r lleddf, y digri a'r dwys. Mae'r detholiad hwn o bigion y beirdd rhwng Medi '96 a Gorffennaf '98 yn adlewyrchiad cywir o'r cydbwysedd hwnnw. Mwynhewch y wledd.

Gerallt Lloyd Owen

Telynegion

Blwch

*(Bron i flwyddyn wedi trychineb Dunblane
cyn Sul y Mamau 1996)*

Mae'n anodd i'r pymtheg a dau
weld y cardiau sy'n rhwygo eu mamau.

Yn flwydd o farw
cyn hired â'u byw
i'r rhai sy'n eu byw o hyd.

Pob un fu'n bluen mewn pren
ar ysgwyddau diymdrech
y cefnau a blygodd,
a dorrodd fel gwellt mewn gwynt.

Lladd plant fel tae'n
gynhaeaf cynebryngau,
a'r hyn fu'n deulu yn tasu trwy
loffa atgofion.

Ond gall arch fod yn garchar i'r cof
i'r rhai fu mewn du
tu hwnt i'r teledu.

Amlen ar ôl amlen a lyfais, a gaeais,
a'r inc yn wlyb yn ei blyg o hyd,
ond eleni eto arhosaf ei sychu
o wybod nad fi sy'n colli.

Lisa Tiplady (Pantycelyn)

Teulu

Yma ym mhridd coch Sempringham
Mae dyrnaid o suntur
Yn dal i gynnal
Hiraeth cenedl.
Hiraeth hen deulu
Am etifedd nas cenhedlwyd.

Tithau yn llwydrew dy wanwyn,
A glywaist ti yn siffrwd yr awel
Ryw atgof diatgof
A maldod a rhialtwch llys?

Ac yn haf dy rwystredigaeth,
A ddeallaist ti rym y genynnau
Yn rhwygo drwy furiau dy gwfaint,
A regaist tithau dy hil?
Cyn dyfod cwympiad y dail
I geulo dy ddagrau.

Heddiw mae llechen las ar dy fedd
Yn cofio.
A briallu yn dal i flodeuo
Yn Abergwyngregyn.

Anita Gruffydd (Y Tir Mawr)

Priodas

Cyn y Pasg, eleni,
   canodd clychau'r eglwysi
     y bydd aileni . . .

Am dri degawd du
   bu'r Falls a'r Ardoyne
     yn gyrru eryr
       i boeri gwae
         ar ei gilydd;
ond rhwng y Grog a'r Pentecost
   cododd colomen
     â'i phig yn dwyn ffydd
       fel llatai gobaith
         am gariad.

Cerddodd saith o bob deg
   law yn llaw
     tua'r allor newydd;
a chlychau unedig
   yn boddi crawcian
     gweinidogion Efnisien.

Ers y Groglith, eleni,
   seinia clychau'r eglwysi
     y bydd aileni.

Eifion Lloyd Jones (Dinbych)

Priodas

Daeth y dydd,
Yr awyr oren
Yn cyffwrdd gwyrdd y tir
Ac fe drefnwyd
Priodas.

Digariad fu'r garwriaeth
A hir,
Gan na fu ymgom
Na choflaid
Nac adnabod.

Dau deulu'n cyfarfod
Er gwell,
Er gwaeth,
A dyhead newydd
Yn plygu hen angerdd
Gyda'r baneri,
A gobaith a chariad
Yn meiddio
Cynhyrfu calonnau
Lle bu ofn.

Cynan Jones (Manion o'r Mynydd)

Cenhedlaeth

Yn sownd i'r ychydig
seddau sgleiniog ar y Saboth
yr eisteddant.

ar wasgar yn gwisgo
eu gwallt lleuad lawn
a photel o'r nos fan hyn a fan draw,

â llên lafar, ledr eu gwŷr prin
ar y pren o'u blaen,

wrth law pan ddaw'r alaw
i'w siglo gyda'r dwst o'u clustogau cudd
ar ras i sythu a phlygu'n ôl,
a'u hanadlu'n cymylu
'Mwy trysorau'
lle ymuna'r mwyafrif
yn hen nodiant yr hen ganrif.

Bytholwyrddion ein Bethel ni
yn dangos eu cylchoedd

ynghyd â'm rhai i
sy'n troi'n ddi-baid o'r rhuddin hwn
rhyw ddydd ddaw at gymun
yn gwpan o grwm,
a'm corff yn crynu y Corff a'r Gwaed
sy'n gochach na'r atodiad
a'r carped dan draed.

Lisa Tiplady (Pantycelyn)

Cenhedlaeth

Rhyw restr a hanner oeddynt,
Rhai yn dal ac eraill yn ddigon di-nod,
Ac ambell faen llwyd yn gymysg â'r marmor.
Roedd arogl porfa newydd ei thorri
Yn hongian yn yr awyr.
A rhyw hen ŵr yno
Yn crwydro yn eu mysg,
Yn aros nawr ac eilwaith
I dorri gair
Wrth un neu ddau,
A rhannu unwaith eto
Aroglau'r gwair cringras
Â'r hen gymdogion.

Dai Jones (Crannog)

Cosb

Yn hogyn un ar bymtheg
Ymysg cyfoedion fyrdd,
Cychwynnodd ar ei antur
Yn falch o'i lifrai gwyrdd,
Ar dân i ymladd dros ei wlad
Yn filwr dewr ar faes y gad.

Yn hogyn un ar bymtheg
Wynebai'r hunllef goch
Yn uffern fyw y ffosydd
Lle syrthiai'i fêts fel moch;
Heb unman yn y byd i droi
Gollyngodd yntau'i wn a ffoi.

Ond ergyd farwol yn ei gefn
Oedd dull ei wlad o ddweud y drefn.

Hilma Lloyd Edwards (Llanrug)

Gêm

Cariad yw 'nabod tactegau'ch gilydd
A pheidio dweud;
Eu 'nabod tu chwith allan,
Eu gweld nhw'n dod o bell
A gadael iddynt weithiau gario'r dydd.

Ond gwaredaf rhag dyfod dydd
Pan na fydd ambell ystryw newydd
Yn dal i'n taflu,
Pan na thorrir unrhyw reol,
Pan na fydd chwarae'n ddim ond ffydd
Heb ddim dyffeio, heb ledu'r ffiniau.

Menna Baines (Y Taeogion)

Carreg

Dim ond darn bach a godais wrth adael,
   dim ond rhywbeth yn swfenîr
i'w gadw, fel lwmpyn o hiraeth
   am Faldwyn, ei phobl a'i thir.

Ond mae'r garreg o lan Afon Banw
   fel calon sy'n curo'n ddi-baid
ar garreg fy nrws yma yn Arfon,
   hefyd, rywsut, ynof mae'n rhaid.

Ar fur ac mewn mynwent, ar gopa,
   yn goflech a chromlech a charn,
y mae meini o'm cwmpas ac ynof
   fel mynyddoedd, fesul un, fesul darn.

Enid Wyn Baines (Glannau Llyfni)

Tir

(Pen-coed, Chwefror 1998)

Fe'i gwelaf bob hyn a hyn
drwy'r düwch
yn draeth aur
o olygfa . . .
Fe'i gwelaf
o gwch fy aflonyddwch,
rhwng y coed,
yn y cae na fu ond cae i mi erioed.
Mae o'n blaen
yn wincio
a'i wawl o liw
yn nesáu.
Llwyfan,
carafán
a rhubanau sidan
        rhyw gân,
a phebyll a phobl
a phlant
a cherdd dant
a chadair a choron
    derwyddon
     — pair o acenion.
A chyda'r hwyr
    tân o obaith
    a llu tebyg i mi
    sy'n gallu meddwi
    yn eu mamiaith . . .
Rhyw Dir na nOg yn Ogwr.
    Perl yng nghragen y fro . . .
Beth ydyw?

Rwyf am ei gadw
      estynnaf drwy'r ewyn
      ceisio cyffwrdd
            hyd braich . . .
Ond daw ton fyglyd
    y dref
    i olchi'r llun o'm llygaid
    a gadael dim ond graean
        a chri gwylan o gân.
Fe'i gwelais
fe gredais am ysbaid.
        Rhith ydoedd
        mae'n rhaid.

Mari George (Yr Awyr Iach)

Llidiard

Fy nhad wnaeth ei chau hi ddwytha',
Wedi blino llibinio byw,
A gadael pum acer grintach
I'r gwynt oedd ar lethrau'r Rhiw.

Ond fi agorodd hi neithiwr
Wrth ddychwel yn ôl i'r hen fro,
A chlywed yng ngwich ei cholfachau
'Rhen wich oedd i'w chwerthin o.

John Gruffydd Jones (Bro Cernyw)

Llidiart

Yno bu unwaith yn wastad dan glo
Yn denu ond eto yn rhwystro,
Yn mynnu ei hawl i'n cadw ni draw
Â'i rhybudd i'n gwahardd rhag crwydro;
Ond rhyfyg anniddig yr ieuanc ei fryd
Fu'n drech na'r amheuon a'r rhwystrau i gyd.

Ond rhywfodd nid oedd i'w gael y tu hwnt
Na'r glesni na'r hud fel y tybiais;
Dilewyrch yn wir oedd yr erwau bob un —
Yn waglaw o'r drysni dychwelais:
Mae'r glwyd erbyn hyn gyda'i hestyll yn frau,
Yn llipa, ddibwrpas heb achos i'w chau.

Dafydd Morris Jones (Penrhosgarnedd)

Enw

Miss Williams fuo hi 'rioed,
Miss Williams yr inffants.
Onid hi a'n casglodd fel yr iâr honno
o dan ei hadenydd?
Ninnau yn gywion melyn bach,
a ddeorwyd mor swta o wyau'n cartrefi
i ddieithrwch y buarth mawr,
yn swatio ym mhereiddiwch ei sebon ogla da;
ei dwylo meddal yn mwytho'n gofidiau,
a'r llygaid parablus yn deall.

Miss Williams,
a fapiodd hynt ein bywydau,
gan gofnodi yn ddestlus enwau ein plant
a phlant ein plant,
ar fwrdd du ei chof.

Heno yn hafan ei henoed,
yr un Miss Williams,
y dwylo caredig,
y persawr,
a'r llygaid deallus.

Yna, camodd rhyw damaid o eneth drwy'r drws,
'Meri,' meddai,
a chlywais innau
yr enw yn crensian
yn bowld,
fel sŵn esgidiau hoelion mawr
ar lawr y cysegr sancteiddiolaf.

Anita Gruffydd (Y Tir Mawr)

Enw

Drwy nos y blynyddoedd
bu llef un yn llefain
rhwng llymder tai sianti.
Aeth y llef yn fonllefau
a rhyfelgri yn siant
pan chwifiwyd un enw,
Winnie glaerwynnaf,
fel baner cyfiawnder uwchlaw'r drewdod a'r cur.

Ond
y tu ôl i'r drysau
mewn treflan a dinas
lledaenodd sibrydion,
ensyniadau,
rhyw sôn.
Yng nghorwynt y gwirionedd
fe staeniwyd y sidan
ac mae'r enw fu'n cyhwfan mor wiwlan ar flaen cad,
Madikizela-Mandela,
yn gorwedd yn gareiau,
yn rhecsyn budr o dan draed y byd,
a thywyll ydyw'r wawr yn Soweto.

Enid Wyn Baines (Glannau Llyfni)

Bro

Rhith o sidan
yn troelli profiadau plentyndod
gan nyddu ponc ac afon a llyn
yn wefr o we,
a'r Gymraeg yn glynu ynddi
fel perlau gwlith
yn haul y bore.

Dagrau yn disgyn
yw'r gwlith heddiw,
ac ymylon y we
sy'n raflio'n garpiog yn y dwyreinwynt;
ninnau'n crafangio fel pryfed
a ddaliwyd yn ei
dadrith.

Cen Williams (Bro Alaw)

Gwobr

(I Lynda Roberts, cyn-athrawes Josie Russell)

Bu dy lais yn chwilio
Drwy'r t'wyllwch
Amdani,
A thithau'n dirwyn
Edafedd dy eiriau
Hyd labrinth ei phoen.

Yn betrus
Byseddodd ei chof y synau;
Fesul cam,
Fesul mis,
Yn araf
Dychwelodd
Drwy dwnnel ei dyddiau
I olau dydd.

Ac wedi misoedd yr aros
A'r gobaith amyneddgar
Cest glywed ei geiriau'n
Dy gyfarch yn gynnes
A'i gweld
Yn codi'i het i'r haul.

Menna Thomas (Y Dwrlyn)

Colled

Roedd colled ar Euros
meddan nhw;
rhyw golled a'i henw'n glinigol oer
a'r ffeil drwchus na chofnodai
anwyldeb,
cynhesrwydd
a chariad.

Minnau ddoe o fyllni fy nyddiau duon bach
yn lluchio ato gardod fy nghyfarchion
heb aros
i wylio'r petalau yn araf agor
ac yntau'n gogwyddo ataf
i geisio heulwen fy nghellwair.

Neithiwr ar y machlud,
swatiodd y gorsen ysig
i'r barrug,
a phletiwyd y petalau gwyn.

Heddiw,
mor llwm yw'r byd
heb lygad y dydd
ar fy nghlawdd.

Anita Gruffydd (Y Tir Mawr)

Lludw

Hudwyd y ddau
   i ddechrau
trwy niwlen o fwg
    wrth rannu ffag mewn gig.
Taniodd eu cariad!
Fflamau gwyllt
drwy eithin
   ganol haf
yn tasgu o dafarn i dafarn.

Ond gyda'r sobri,
    yn y marwor
        roedd dicter yn mudlosgi
           a'r cariad yn oeri.

Heddiw,
nid oes rhyngddynt
ond 'Helô shw mae'
ar gae steddfod eu bywyd,
a'r angerdd a fu
yn stwmpyn
   a lludw
mewn blwch llwch.

Mari George (Yr Awyr Iach)

Lludw

Ie, dydd Mercher oedd hi,
a cherddwn o gylch y gerddi
ac anadlu
arogleuon y lludw,
y manlwch ar gwr Abertawe.
Roedd dagrau'r tywydd yn oer
y prynhawn Mercher hwnnw.
Aros am orig
a chael y blwch yn fy llaw,
y blwch oedd heb ei wlychu,
ac o'i fewn,
hen gariad oedd yn rhy ysgafn i'w gario.

Gwilym Herber (Cwm Tawe)

Patrwm

Codi yn gawod o esgyll,
Caleidoscop uwch y dŵr,
Trosi a gwau yn ei gilydd
Yn batrwm dibatrwm o stŵr.

Deifio a throi fel un adain
Yn heulwen yr hwyr dros y pîr
A'r sbectrwm ym mhlu eu hadenydd
Fel enfys yn bowio i dir.

Y dorf o unoliaeth ddisberod,
Yr haid syncroneiddwyr di-ri,
Ai'r un sydd yn tywys eu campau
Â'r sgadan yng ngherrynt y lli?

Enid Hughes (Ffair-rhos)

Patrwm

Darn o ddefnydd,
dyna i gyd,
a'i batrwm amryliw
yn dawnsio'n goch a melyn
a gwyrdd.

Sbloet o liw —
a dyna fi'n ôl
yn haf hirfelyn
plentyndod,
> Y chweblwydd yn gwneud O bach
> ar ei ffrog newydd,
> yn ladi ar lwyfan,
> a'r wisg ganwaith pwysicach
> na'r gân,

Te parti'r Ysgol Sul
yng ngardd Anti Bet,
minnau'n un â lliw y rhosynnau,
a Huw yr Hafod
yn taro cusan slei ar fy moch,
> Swagro i lawr y stryd
> a'r tair cath fach wedi'u plethu 'nghyd
> yn gysglyd
> i gynhesrwydd coets y ddoli,

Rhdeg i dŷ . . .

Darn o ddefnydd,
dyna i gyd!

Ann Fychan (Bro Ddyfi)

Taw

Mae crychiadau'n y cynfasau
ers wythnsau

mae e'n gwybod mod i'n gwybod
ond dw i'n dweud dim

bob nos
mae'n gosod ei wên
mewn gwydr . . .

ac yn fy ngharu
a'i lygaid ar gau

ac wedyn dw i'n ei wylio
ar waelod y gwely
yn smygu
yn syllu o'i flaen
yn syllu'n bell
a'i draed yn oeri

o'r stryd daw sŵn dwy gath
a dyn y llath . . .

dw i am lapio
neges amdano
deffro radio'r bore
llyfnhau'r cynfasau
arllwys lliw fy chwant
i ddu a gwyn ei fywyd
mwytho cefn ei broblemau
chwalu'r gwydr . . .

ond wna i ddim . . .

am fod gwybod
yn fy llygaid
fel golau'r lleuad . . .

> Mari George (Yr Awyr Iach)

Taw

Cofio taw yr eiliadau hirfaith hynny
Rhwng gwewyr yr esgor
A'r sgrech gyntaf un,
Sgrech y cyhoeddi
Dy fod ti wedi dod.

Heno profi'r taw dirdynnol
Wedi'r anadl olaf un,
Y taw huawdl oedd yn gweiddi
Dy fod ti wedi mynd.

> Gwyneth Evans (Bro Myrddin)

Diolch

*(Gwasanaeth coffa Mrs Lily Richards, athrawes
gerddoriaeth gyntaf Ysgol Rhydfelen ac un o
gymwynaswyr mawr y Gymraeg yn ei hardal)*

Y Gymraeg
fu'n gyweirnod iddi.
Hi osododd inni'r traw
mewn oes aflafar
a tharo curiad cyson
a'n tynnai 'nghyd.
Fe'n dysgodd
i leisio'n halaw â hyder
a rhoi i ni'i brwdfrydedd
yn gyfeiliant llawen i'n byw.

Daeth anthem o bobol
ynghyd y bore hwnnw,
a phob un nodyn ohonom
yn cydgordio'n diolch.
Mae rhythm ei halaw'n rhan ohonom.
Ni thawodd y gân.

Menna Thomas (Y Dwrlyn)

Diolch

Fe ddaw i'n hanesmwytho weithiau
pan na fydd rheitiach pethau i fynd â'n bryd;
yr awch i rodio'n dalog mewn llifolau
a gâi ei droi yn ôl ac yna 'mlaen
yn gyson fel pendil cloc;
cael gweld o ble y daethom, i ble'r awn.

Ond beth wedyn
a'r troadau o'n hôl
yn dyffeio pob patrwm,
a'r is-droadau'n chwarae mig
â'r awydd i felltithio acw a bendithio draw?
Beth wedyn
A dewisiadau yfory, drennydd a thu hwnt
I gyd yn stond o'n blaen?
Gwelaf fy hun yn fferru yn y golau
Ac ailgofleidiaf fwrllwch awr i awr.

Menna Baines (Y Taeogion)

Gwers

Haul ar ddesg
yn euro ymdrechion naddwyr dyfal
i adael eu hôl, pob un am y dyfna'.
Minnau, yn sŵn gwenoliaid trwy ffenest agored,
yn olrhain llwybrau inc
hyd fap fy nghledrau.
Papur sugno'n glaerwyn,
yn ddisgwylgar lân.

Ni chofiaf mo bwnc, mo ergyd, mo bwrpas
y wers.
Ai unwaith y bu hi,
hon yn yr haul,
neu a fu hi droeon
bob gwanwyn, bob dydd?
Ni sugnodd y papur.
Mae'r ddalen yn wag;
ac eto mor llawn, mor gynnes o lawn.

Menna Baines (Y Taeogion)

Gwers
('Marwnad Merch' Dafydd Nanmor)

Pwy oeddit,
y ferch a ddenodd fardd
i ganu mor angerddol
am dy farw gynt
yn Is Conwy?

Pwy oeddit?

Argraffwyd ei alar
ar fy mynwes ieuanc innau,
teimlwn ei ing
yng ngofid y geiriau,
gwelwn ei wacter
yn noethni canghennau Mai,
a'i anobaith yn yr haul
dibelydr.

Pwy oeddit?
y ferch a symbylodd
Ddafydd i ganu'i gân
alarus,
synhwyrus,
a'i chyfaredd yn ymestyn
dros y canrifoedd
i gyffwrdd tant yn fy nghalon?

Ann Fychan (Bro Ddyfi)

Priodas
(Y llun 'Afal' gan Eleri Mills)

Trochaist dy gynfas ym mwynliwiau'r moelydd,
ym mwsogau'r fawnog,
yn y llwyd o ddyfnderoedd llyn;
taenu sbeciad o heulwen
a llyfiad o las rhwng cymylau
gan droi düwch yn dryloyw
i oleuo
yr yma a thraw a'r tu hwnt
a'r dwfn
sydd dan ddaear bro.

Hulio bwrdd a thaenu gwledd.

O ryw ardd hud fe ddygaist ffrwyth
a'i bwytho'n briodas berffaith
rhwng dychymyg a dawn.

Yng ngwrid dy afal
mae temtasiynau'r holl berllannau,
yn ei had pob parhad,
yn ei hanfod mae pob darfod:
mae'n anrheg mam melyn crwn
ar blât i mi am byth
a'm cân sydd yn benysgafn ar ei seidr.

Enid Wyn Baines (Glannau Llyfni)

Parch

Allan o gyrraedd yr haul tanbaid
yr eisteddai,
dan gysgod coeden,
yn pysgota am arwyddion bywyd
ym mhyllau gwyrdd ei blentyndod.

Hiraethai fel yr afon hesb
am y plant,
am y cwpanau dwylo
a fu'n yfed o'u hetifeddiaeth
wrth lanw stên cynaeafwyr yr haul,
hiraethu am ddoethineb pridd y chwe diwrnod,
am ffiniau'r perci bach
a roddodd ystyr i'r tymhorau
cyn bwrw i lawr o'r sguboriau . . .
cyn dyfod galarwyr y bagiau plastig
i dduo angladdau ddoe,
cyn claddu'r genhedlaeth
a glymai'r iet â rhaff cydwybod glir
ar ddiwrnod talu rhent y Mistir Tir.

Dai Jones (Crannog)

Parch

Rhoddaist ddail yn fy ngwallt
a gwenais
o'th weld yn bysgodyn
ar fachyn fy malchder.

Cusanaist draed fy ego
a thaenu olew
d'addoliad drosof
tra gwyliwn fy hun yn dy lygaid.

Cerddasom
yn droednoeth
ar y tywod poeth;
lapiais dy sylw amdanaf
tra'n sathru cregyn dy deimladau
â'm trwyn at yr haul

ac ni welais fod y llanw'n troi . . .
a chollais y dail yn y storm.

Drycha arna i nawr
â 'nhraed yn y môr
a'm sgert yn y gwynt

yn gwylio'r wylan yn hofran
a darnau'r cregyn
yn deilchion
o'm cwmpas.

Plygu 'mhen
a gweld y dŵr yn
llusgo'r tywod dros fy nhraed.

Mari George (Yr Awyr Iach)

Newydd

'And finally . . .'
A dyna'r gorchymyn i wenu
am fod ci rhywun wedi dysgu canu,
cath rhywun arall wedi camu'n gyfan
o drochion peiriant golchi,
neu ddyn wedi llwyddo i hedfan mewn cadair haul.

Mae'r tynnu colyn
yn gymaint rhan o'r ddefod â'r baned de
sydd wastad wedi oeri erbyn hyn
o barch at rywrai y cipiwyd eiliadau o'u galar
i lenwi slot y straeon gwae.
Nos 'fory bydd ebychnod arall yn cloi'r sioe,
a ninnau, hyd yn oed wrth wfftio,
yn diolch eto
mai'r gwamal piau'r gair ola'
ar newyddion deg.

Menna Baines (Y Taeogion)

Newydd

Ar nos Wener
ynghanol argyfyngau
'Emergency Ward Ten'
daeth fflach o Dallas
ar ein sgrîn
fel ergyd gwn.

Ac yno,
yn y toriad
rhwng ffuglen a ffaith
cawsom rag-hysbýs
o ddyfodol nas rhaglennwyd
cyn cael ein cludo eto,
yn waed i gyd,
yn ôl i'r ward antiseptig
a byd diogel
'Bonanza'.

Idris Reynolds (Crannog)

Cymwynas

Caeodd y ces ar grysau
nas codwyd o'u plyg
yn y garafán blastig,
a gadawodd gyda'r gwlith
rhag traed moesol
maestref y fan-a'r-fan,
a'u ffafr i'w plant
yn eu sathr
ar gragen drom yr hwn-a-hwn
a drodd gyda'i bwn i deimlo
gwên ei gymdogion ar ei war,
a llewyrch llysnafedd ei lwybr
yn rhoi sglein ar eu syllu.

Caewyd y rhes o ddrysau,
a diffoddodd mam ei ffag
ar ei phlentyn i'w ddeffro,
fel ffafr,
am i'r larwm ballu, rywdro.

Lisa Tiplady (Pantycelyn)

Ffair

Gwerthwyd cacennau yn drefnus,
   Aeth picl a jam tua thre;
Hen ffrindiau'n sgwrsio'n drwsiadus
   Wrth lymeitian coffi a the;
Yna plygu'r llieiniau gwynion
   Wrth ddilyn defod y plan,
Cyn rhoi cofnod ar lyfr y trysorydd:
   'Dau gant i Gronfa Swdan'.

Yn nhrobwll diddiwedd y noethion
   A lifai drwy dwmffat y porth
Dan frigau o freichiau'n crafangu
   Wrth ymgiprys am ronyn o dorth,
Yn sydyn yng nghanol y sgarmes
   Fe ffrwydrodd un cwdsach i'r pair
Gan yrru gwaddod ein gwala
   Dan eu traed fel 'conffeti ffair'.

Dafydd Hughes (Caernarfon)

Ffair

Wrth i'w chlogyn
chwyrlïo a llithro'n chwareus i'r llawr
fel deilen gynta'r hydref
i gyfeiliant chwant y chwibanu,
dadwisgai'r dorf eu trefn a'u hunan-barch
fel haenau nionyn, nes cyrraedd
canol cyntefig.

Yn fflachiadau noeth y bylbiau
troellai pob synnwyr yn feddw
ar olwynion pleser,
aroglau lledr, chwys a mwg peiriannau
yn eu denu'n nes
at Ddibyn Dinistr.

Pob sgrech yn her,
pob clec o ynnau'r stondin
yn fflachio oerni a chaledi Fietnam
i'w llygaid gwallgo
a'r chwerthin yn glafoerio'n
ddafnau gloyw.

Yn llwydni'r trannoeth
a'r elwch yn waetgoch
yn y tawelwch croch lle bu,
a fydd awgrym o euogrwydd
yn goleuo'r llygaid gwag,
neu ai ceudod a welaf
ym mhenglog gwareiddiad?

Cen Williams (Bro Alaw)

Cymwynas

*(O gofio'r ferch 12 oed a lofruddiwyd gan
ferched o'r un oedran mewn ffair wedi iddi
geisio amddiffyn ei ffrind.)*

Roedd hi'n ffair yn y dre, candi fflòs
a 'falau pric, a phyllau glaw'n
llawn hwyl, llawn lliwiau.

Roedd hi'n ffair yn y dre, cŵn
ar eu cythlwng, cariadon
yn bwrw eu swildod ar bob reid.

Roedd hi'n ffair yn y dre, cweir
ar y cyrion, a'r chwerthin yn ifanc,
a phwls y ffair yn colbio'r nos.

Roedd hi'n ffair yn y dre, candi fflòs
mewn pyllau glaw'n wythiennau coch,
a 'sbwriel ar y gwynt. Dim ond chwarae plant.

Dafydd Pritchard (Y Cŵps)

Llewyrch

Roedd coflaid yn y capel
A choch oedd llwybrau'r cwm
Er nad oedd ond lamp stabal
I herio'r tywydd trwm.

Ac er mai gwan y gannwyll
Oedd yn y lle ynghynn
Roedd pregeth ar y mynydd
A wnâi eu byd yn wyn.

Heddiw, mae lampau cerbyd
A thrydan, lond ein nos,
Ond anos fyth yw cyrraedd
Y golau ar y rhos.

John O. Jones (Nantconwy)

Llewyrch

(Bachgen du a fu farw o effeithiau cyffuriau)

Bu'r penblwyddi'n ganhwyllau i gyd,
a llwybrau o wêr hyd y ford
a'i wên yn goleuo'r tŷ.

Mae'n fin nos.
Mae'n gwymp y dail
ac Aberystwyth yn gwisgo'i mantell rhag y nos.

Yn seler yr un ar bymtheg oed
bu Chris yn ceisio cynnau'r fflam
i'w warchod yn y gwyll,
ac er i'w fysedd ifanc
anwesu'r holl ganhwyllau yn eu tro,
cyneuodd un
a oedd â dagrau galar yn ei fflam.

Dilwyn Jones (Bro Dysynni)

Paid . . .

(I Wilfred Owen ar ôl gweld y ffilm Regeneration*)*

Paid meddwl am i 'atal dweud'* dy hawlio
yn y gamlas olaf honno,
y gamlas bitw, hollbwysig honno,
ym mrwydr olaf bron
y Rhyfel i derfynu pob rhyfel,
paid meddwl nad oes dynion heddiw'n
dilyn wagenni'n drymlwythog
gan ieuenctid.

Paid meddwl nad oes ysgyfaint heddiw'n
glafoeri gan nwyon gorffwyll,
bywydau diamddiffyn yn mygu
gan ideoleg a diffyg ideoleg.

Paid meddwl nad oes ffosydd heddiw'n
llawn wynebau diadnabod
ac enwau'n galw ar ei gilydd
yn nhir neb;
mae'r wynebau'n glaf gan bechod o hyd.

Paid meddwl y daeth terfyn ar hyn oll
gyda dy derfynu di.
Ond ni cheulodd, chwaith, y gwaed
a lifodd trwy d'ysgrifbin.

Ac os tybiaist
ar ôl llithro'n chwilfriw i'th dawelwch
y rhoddwyd taw ar yr hen gelwyddau,
paid . . .

*Credai'r 'sefydliad' adeg y Rhyfel Mawr y siociwyd rhai milwyr cyffredin hyd at fudandod llwyr gan yr erchyllterau a welsant, ond na fyddai'r swyddogion, a oedd ar y cyfan yn perthyn i ddosbarth cymdeithasol uwch, yn dioddef dim rhagor nag atal dweud.

Dafydd Pritchard (Y Cŵps)

Paid

Cerddaist y gerddi
ag awdurdod
pan oedd yr haf
yn dihuno'r chwant.

Llygedaist y bechgyn,
hwythau'n aeddfedu'n
afalau
ym mherllan
y wladwriaeth les.

Oedaist dan y canghennau
i bigo'r ffrwyth gwaharddedig
fesul un
ac yng nghoridorau'r nos
yfaist o seidr
y cwymp.

Wyn James (Crannog)

Goglais

Mae 'dewyrth yn hoff o blant,
Ei wên barod
A'i ddoniolwch
A'i ddwylo glân,
Merch fach ar ei lin —
Hithau a'i chwerthin swil
A'i llygaid syn

A chamera'r meddwl heb ffilm.

'Roedd 'dewyrth yn hoffi plant',
Medd y llais
Yn y siwt lwyd,
Ond segur yw'r dwylo mwyach
A syn yw y mamau.

A'u dagrau'n cymylu'r sgrîn.

Cynan Jones (Manion o'r Mynydd)

Goglais

Yng nglesni'r awyr
uwchben llwydni chwarel
lle tyf chwyn heddiw ar domennydd ddoe,
clywais d'adenydd yn dy ddyrchafu
ac roedd dy hedfan tua'r haul,
yn goglais y dychymyg i feddwl am
'ryddid,' 'goleuni' a 'heddwch'
wrth iddo lithro gyda thi trwy'i rawd.

Ond fferru wnest yng ngwich y sgrech
cyn plymio a gwibio at y graig
mewn ras ddiobaith gyda ffawd
ar lun a delw'r cudyll glas.

Clywais yr angau'n diasbedain
a gweld nad oeddet ond colomen wyllt
â'i gwaed yn staeniau gloyw, coch
ar lwydni chwarel
lle mae'r chwyn yn ffynnu
ar domennydd ddoe.

Cen Williams (Bro Alaw)

Pris

'Beth ddaw ohono fo deudwch?'
holais, wrth wylio haul y machlud
yn rhuddo cwareli'r ffenestri tal.
'Ei werthu o siŵr,' meddai yntau'n ddihidio.

Minnau yn cofio
am hen wraig y Pengwern yn cofio
  'Fel doe, hogan,
    er nad oeddwn i fawr o damad.
    Dau ddyn a 'nhad yn sgwrsio wrth dalcen y beudy,
    gwneud capal newydd meddan nhw,
    a 'nhad yn addo sofran at yr Achos.'

A heno ar y muriau
o dan y graffiti
gwelais innau Gymraeg cyhyrog yr hen Esgob,
ac o dan y budreddi rhwng y capel a'r festri
ysgerbwd cymdeithas wâr yn madru.

Ac yfory
â'i lygaid oer
fel trefnwr angladdau yn mesur claf,
daw rhywun i bennu'r pris.

Anita Gruffydd (Y Tir Mawr)

Pris

A minnau'n aros ennyd ar fy nhaith
Ger tomen rwbel sydd wrth Fwlch Cwm Llan,
Mi haerwn imi weld drwy bylni'r niwl
Gysgodion rhai fu'n cyrchu tua'r fan
Dan gellwair er eu lludded, cyn ymroi
I naddu'r graig, yn ddiwyd, ddiymdroi.

Ond crawc y gigfran unig uwch fy mhen
A'm hysiodd i ailgychwyn ar fy hynt —
'Doedd yno ddim ond chwarel wedi cau,
Na neb i adrodd beth a dalwyd gynt
Gan rai wynebodd her yr oriau maith
Yn gweithio bargen nad oedd fargen chwaith.

Dafydd Morris Jones (Penrhosgarnedd)

Pris

Croth ar log
a gwraig
na fu eto'n fam
yn fodlon talu rhent yn hael
am fod gwerth ei breuddwyd
yn fwy na'r gost.

Rhoddwyd y bwndel cynnes
ym mreichiau 'i Fami newydd.
Torrwyd y llinyn,
ond yn nhywyllwch
ei nosau di-gwsg,
di-sŵn,
mae un,
ei chyfri'n llawn
a'i breichiau'n wag,
sy'n dal i dalu'r pris.

Menna Thomas (Y Dwrlyn)

Briw

Paid symud yr eira o'm llwybr —
yr anesthetig clyfar.

Paid agor y llenni
Dwi ddim am deimlo'r dydd ar fy ngwar.

Rwyf am nofio heddiw
rhwng cwsg ac effro,
bod yn rhywun arall,
byw ym mreichiau ddoe
a ffoi
rhag y byd.
Neidio i dwyll y cymylau.

Paid gadael i mi sobri
mewn gwely gwag
a'r nos yn dal yn fy ngwallt.

Aros fanna
heb droi dy ben.
Drycha drwy'r ffenest
ar yr harddwch perffaith,
y darlun dilychwin . . .
paid â'i ddifetha â'th eiriau.

Gad i mi swatio nôl
dan gwrlid fy mreuddwyd,
teimlo plu dy fysedd
ar f'amrannau poeth . . .

Ond na,
dyma geg fawr y bore
yn dweud fod neithiwr ar ben,
a daw diferion y dadmer.

Do,
mi lwyddaist
unwaith eto
i adael ôl dy droed
yn fy eira.

Mari George (Yr Awyr Iach)

Prydlondeb

Fe wyddai ef fod ganddi
   Yr hawl i fod yn hwyr,
A'i gadw wrth yr allor
   Cyn rhoi ei hun yn llwyr.

Ond ger yr allor heddiw
   A'r blodau 'run mor dlws,
Amserwyd y gwasanaeth —
   Roedd eraill wrth y drws.

Ken Griffiths (Tan-y-groes)

Llun

Y drws digroeso yn griddfan ei brotest
pan fentrais i'r cysegr oer.
Hen gragen o eglwys
a dim ond y llun yn y ffenestr
uwch yr allor
yn torri'r undonedd llwyd.
Y Crist croeshoeliedig
mewn gogoniant o liw
fel hen ymerawdwr rhyw deyrnas goll,
odditano arysgrif
   'In Loving Memory
   of James Wynne, D.S.O.'
a'r gweddill o'i gampau
fel ei stad
a'i daeogion
wedi hen ddiflannu i'r gwyll.

Yna ehedodd dwy wennol
o'u nyth o glai ar y trawst
gan drydar eu trafferthion
allan i lesni'r gwanwyn.

A gwelais innau
yn llygaid
y Crist yn ysblander y llun
ddyhead
am ddianc o gaethiwed ffrâm
ein ffenestri lliw.

Anita Gruffydd (Y Tir Mawr)

Croeso

Cymerwch hi,
Fe anghofion ni sut i'w gwarchod,
a throesom hi'n dywysogaeth
ddi-ddim,
ddi-nod;
Cymerwch hi, wir,
mae canrifoedd o blygu,
o ufuddhau
ac ymgreinio
wedi crymu ein gwarrau blin.
Llifodd yr hyder ohonom,
gwasgwyd yr hunan-barch
o'n gwythiennau'n
ddiferyn
'rôl diferyn di-liw.

Cadwch hi.
Onid yw'n haws dweud 'Na'?
Onid yw'n haws dweud na fynnwn hi?
Fe ddaw chwistrelliad bach o obaith
bob hyn a hyn, mae'n wir,
rhyw bigyn o gydwybod, efallai,
ond dim ond ambell dro;
Na,
mae croeso i chi ei chael.

Ann Fychan (Bro Ddyfi)

Croeso

Doedd dim gwahoddiad
ond drws agored led y pen,
pobman yn lân
a phopeth yn ei le o'i chwmpas.
Llaw arall fu'n gosod blodau
a phwnio clustog
y tro hwn.

Dim sgwrs ond sgwrs y llygad —
'Rhaid iti 'nghymryd i fel rydw i'
a'r siars yn wir am unwaith.
Dim bara brith
na siwgr lwmp i ymlid gofid,
dim cymell wrth y bwrdd —
draw roedd y te ar droli.

Ni fu ffarwelio chwaith
dim ond un wên ddiffwdan
fel heulwen Rhagfyr,
gwên a'm dilynodd dros y rhiniog
i lonni coridorau ac erchwynion blin
ddyddiau a ddaw.

Enid Wyn Baines (Glannau Llyfni)

Croeso

Roedd grât yn llenwi'r aelwyd
  A blocyn ar y tân
A'i fflam yn para'n wresog
  Ymhell i'r oriau mân.

Ymysg y dodrefn newydd
  Mae tân na fflamia fyth,
Yn twymo ar amrantiad
  Ond eto'n oeri'n syth.

Ken Griffiths (Tan-y-groes)

Neithiwr

Yn niniweidrwydd neithiwr,
Wrth ddilyn defod plant,
Yn eiddgar dan y glustog
Gosodwyd pwt o ddant,
Gan fynnu gyda sicrwydd ffydd
Y deuai ffrwyth o'r weithred gudd.

Hen, hen oedd stori'r bore,
A'i geiriau'n wir i gyd,
Am fethiant y dylwythen
I rannu'i ffafrau hud,
A breuddwyd neithiwr bellach sydd
Yn ddim ond dagrau ar ddwy rudd.

Dafydd Morris Jones (Penrhosgarnedd)

Gwydr
(Ymweliad carchar)

Ffin fisol
o dryloywder
rhyngom,
yn derfynol
fel ein hiraeth,
a gwres ein bysedd
yn ceisio meirioli'r mur.

Dedfryd
o risial
yn plygu'r golau
a 'stumio'r cof,
ein geiriau'n darfod
yn yr angar
a chronni'n ddagrau
cyn treiglo'n araf
i'r llwch.

Cynan Jones (Manion o'r Mynydd)

Taith

Mae'r enwau'n dal o hyd
ar fynegbyst y daith,
a rhewynt gaeafau hen fawnog
heb geulo'r paent.
Hen enwau arwrol
ar gonglau'r strydoedd
a hen fynwentydd,
a'r coffâd heb fagu cen;
ac enwau a ysgathrwyd
ar furiau Fron-goch,
Kilmainham,
a'r Maze,
yn dal i grafu'r croen.

Ninnau heddiw
ym mwrllwch Drumcree,
a'r wawr heb dorri,
yn ceisio darllen y map
heb wybod yr iaith.

Anita Gruffydd (Y Tir Mawr)

Taith

Cychwyn,
    heb syniad i ble,
        ond fod yn rhaid mynd . . .
mynd, am fod y tir yn grimp a'r ffynnon yn faw;
mynd, am fod y fron yn hesb a'r dagrau wedi darfod.

Llusgo mynd trwy'r llwch,
    y griddfan gwan ar ei braich
        yn ei gyrru 'mlaen . . .
er gwaetha' gwayw'r coesau a phothelli'r traed,
er gwaetha' stwmp y stumog a chraciau'r gwefusau.

Simsanu,
    llithro i'r pridd
        heb yngan cri . . .
syllu ar ddau lygad pŵl a'r pryfetach yn eu byw,
syllu ar esgyrn yn hongian mewn croen yn crino.

Estyn y bwndel i rywun,
    honno'n ei gydio heb air
        a'i ymgeleddu . . .
gwylio'r ddau yn cilio a'r traed yn mynd heibio,
gwylio'r llwch yn setlo.

Eifion Lloyd Jones (Dinbych)

Englynion Cywaith

Digonedd

Â hwn rwy'n cynefino — ac effaith
    Ei gyffur sy'n cilio;
Er cael digon ohono
Ato'r af am fwy bob tro.

(Llansannan)

Digonedd

Mae'r ieir yn dlawd gynddeiriog, — ŵyn a bîff
    A moch bach yn oriog;
Mae'r ceffyl du'n llyncu llog —
Digonedd yw dwy geiniog.

(Tregarth)

Etifedd

Yn gynnar y bu'r gwahanu — rhag siom,
    Rhag sen ar y teulu;
Ond ni all tad fyth wadu
Yn ei fab yr hyn a fu.

(Merched y Wawr Dyfed)

Siôl

Yn dawel a dihwian — daw'r eira
    Drwy Eryri rŵan;
Lle bu'r gog, ddyddiau'r hogan,
Mae gwraig lwyd yn magu'r gwlân.

(Nantconwy)

Pont Abraham

Mae'r wên a seiniau'r heniaith — yn arwydd
    O gyrraedd bro'r famiaith;
  Wedi'r gwibio daw'r gobaith:
  Paned wych cyn pen y daith.

(Y Dwrlyn)

Gwynfor

Er rhoi oes yn y tresi — a gwrol
    Dorri garw'r cwysi,
  Er droeon ddigalonni
  Di-rwd yw dy gwlltwr di.

(Bro Ddyfi)

Olion

Atgof yw'r gribin sofol — yn ei rhwd
    O raen y gorffennol,
  O gynhaeaf egnïol
  Yr oes 'gadael dim ar ôl'.

(Bro Ddyfi)

Gorchymyn
(Sef gorchymyn gwladwriaeth Tsieina sy'n atal gwragedd rhag cael mwy nag un plentyn)

Er y dwrn a roed arni o'r newydd,
    a'r 'Na' i'w rheoli,
  gewynnau iaith y geni
  yw'r iaith a ŵyr ei chroth hi.

(Y Taeogion)

Gorchymyn

Mae trech gwŷs i dywys dyn — a llyw gwell
　　I'w gael na gorchymyn;
　　Rywle ym mhob meidrolyn
　　Yn ddi-feth mae'i ddeddf ei hun.

(Crannog)

Damwain

Hawdd darllen yn hamddenol — am eraill
　　Yn y marw beunyddiol,
　　Eto i'r un gartre' ar ôl
　　Mae marw hwn mor wahanol.

(Bro Ddyfi)

Perth

Bu haf 'rôl haf yn tyfu — yn go wyllt
　　Ond gwn fod er hynny
　　Eto un o fewn y tŷ
　　Â'i lygad yn ei phlygu.

(Crannog)

Ochenaid

Gwelir yng ngwewyr y galon — holl ing
　　A holl lid Iwerddon,
　　Ac yng nghri trueni hon
　　Mae gwaedd ei mamau gweddwon.

(Bro Alaw)

Broc Môr

Pan fo'r storom yn ffromi — yn wynias
    a'r tonnau yn berwi,
  daw, O, daw o'r distewi
  sawl trysor o'r môr i mi.

(Glannau Llyfni)

Pentref

Unwaith, cofiwn bob wyneb — yn y lle,
    Pawb yn llawn ffraethineb,
  Hen ardal fu'n brysurdeb
  Ond 'nawr nid wy'n 'nabod neb.

(Manion o'r Mynydd)

Cwestiwn

I ŵr a chanddo arian — o Harrod's
    Fe geir yn San Steffan
  Bob amser ryw gwsmer gwan
  Yno er lles yr hunan.

(Bro Ddyfi)

Llais

Er maint gorchest mab Nesta — a Hefin
    Ar lwyfan yr Op'ra,
  Ei fore oes a fawrha
  Is y golau'n La Scala.

(Bro Ddyfi)

Llais

Er rhoi pob bwndel mewn crud — ar y ward
    Yn rheng yr un ffunud,
  Cri ei phlentyn mewn munud
  Dywys gam pob mam o hyd.

(Manion o'r Mynydd)

Y Bwji

Nadolig munud ola' — a rhy hwyr
    Oedd y ras i siopa,
  Ond diawch 'da fi syniad da . . .
  Cawn *lean cuisine*. Hosanna!

(Bro Myrddin)

Camp

Geiriau hon oedd gaer inni — a ninnau'n
    Cael hunaniaeth ynddi,
  Ond o'i mewn chwalwyd meini;
  Cwymp ein hiaith yw ein camp ni.

(Dinbych)

Enwogrwydd

Er esgyn ar ei ysgol — ennyd fer,
    Cei dy fwrw o'r canmol
  Â'i law aswy fympwyol
  I fedd dinodedd yn ôl.

(Penrhosgarnedd)

Esgus

Onid wyf, bob edefyn, — yn lanach
    na glân, heb fod Cymru'n
  fy staenio; eto, er hyn,
  y mae'r iaith yn fy mrethyn.

(Cwm Tawe)

Newid

Y gwair a ailflagurodd — ar y tip,
    A'r topiau a lasodd,
  A hithau'n hiaith yno'n nodd
  Y düwch a flodeuodd.

(Crannog)

Newid
(Haf 1997)

Hir fu'r haf, a brefai'r hydd — ei hiraeth
    Uwchlaw'r hen afonydd,
  Yn dyheu bob nos a dydd
  I Fedi lenwi'r glennydd.

(Pantycelyn)

Draffts

Mae pob symudiad wna'r adyn yn ddu,
    Ond pan ddown i'w erlyn
  Yn un wal a'i gornelu'n
  Y Gwlff, mae'n symudiad gwyn.

(Nantconwy)

Arferiad

Er i sgôr y crysau gwyn — ein llorio
    Yn llwyr, er i'r gelyn
  Wneud ni'r ffans yn syfrdan syn,
  Daliaf o hyd i'w dilyn.

(Crannog)

Hiraethog

Unigedd yr enwogion, — cynefin
    Cynaeafau'r mawrion;
  Fe'n ganed i ddyledion
  O fawrhad i'r henfro hon.

(Bro Cernyw)

Arwydd

Gellir darllen bachgen bach — 'nôl lefel
    Ei afiaith a'i brebliach;
  Hawdd yw dirnad nad yw'n iach
  A'n haelwyd yn dawelach.

(Y Dwrlyn)

Piano

Heddiw yn swyn ei allweddell — daw gwefr:
    Du a gwyn yn cymell
  Lliwiau'r alaw o'u cawell
  A'r byd i gyd yn fyd gwell.

(Bro Myrddin)

Dydd Calan

Eleni a all dy allwedd — agor dôr
   I dŷ gwell na'r llynedd,
  O hen dŷ'r boen, hendre'r bedd,
  I hafod sy'n dangnefedd?

(Penrhosgarnedd)

Dydd Calan

F'adduned, gwnaf ddaioni yn wylaidd,
   Rhoi'n hael o'm tosturi;
  Yn hwyr, a'r dydd yn oeri,
  Yr â hi'n faich arnaf fi.

(Y Tir Mawr)

Diflastod

Crwydro rhostir yr hirnos — yn y niwl,
   Heb weld neb yn agos
  Trwy'r niwl, ac er troi o'r nos
  Yn wawr — 'rhen niwl yn aros.

(Penrhosgarnedd)

Synnwyr Cyffredin

Yn fyr, petawn i'n Feuryn — yn disgwyl
   o'i dasg glamp o englyn
  yn ei ôl, mi wn i hyn:
  tystiaf y rhown well testun.

(Waunfawr)

Lle

Cyn bo'n rhy hwyr, synhwyrwn mai o raid
    Cymry ŷm, a byddwn
  Mor wag oni Chymreigiwn
  O dan ein traed ein tir hwn.

(Cwm Tawe)

Lle

Caf gysgod, er fy nhlodi, mewn un man
    Ymhell o'ch pentrefi,
  fi fy hun yw ei feini,
  fi fy hun yw 'nghartref i.

(Y Taeogion)

25 Stryd Cromwell

Nid oes, mae'n wir, wedi clirio rhyw le
    yng nghaer loyw'r *ego*
  un dim i'w weld, ond mae O,
  y Diawl hen, yn dal yno.

(Caernarfon)

Cyfrifoldeb

Fe wn i, er gweld holl fwynhad fy mab,
    Fy mod dan gollfarniad
  Ers diwrnod ei ddyfodiad
  I fyd o wae, wyf ei dad.

(Cwm Tawe)

Croeso

Y mae'r byd i mi mor bell — wedi mynd,
    Ond mae Un i'm cymell,
  A gwenaf yn fy 'stafell,
  Af o dŷ gwag i fyd gwell.

(Llandysul)

Eirlysiau

Yn ddihalog ddiogel, yn gynnar
    bob gwanwyn, fe ddychwel
  i'r lawnt ir leianod del
  a diwyd blygu'n dawel.

(Caernarfon)

Gyrrwr Sedd Gefn

Bu'n cyfarth ac yn arthio yn ddi-stop,
    Nid oedd steil ar ddreifio,
  Ond siwrnai ddifai ga'dd o
  Unwaith — mewn hers roedd honno.

(Manion o'r Mynydd)

Cornel
(i Ayrton Senna)

A her ymhob cyhyryn — y rhuodd
    Drwy'r troeon i'w derfyn,
  A'n gadael yn wag wedyn
  I ail-fyw'r tro olaf un.

(Pantycelyn)

Cariad

Y neges oedd *Jess lyfs John,* — nodyn syml
　　Dan y saeth drwy'r galon
　Yn bwt o her i bob ton
　Yn nhywodiaith cariadon.

(Dinbych)

Seiren

Diatal fu'r sgrialu — ar y ceir
　　Drwy'r cwm cyn tawelu,
　Ond mae 'na dad, mae 'na dŷ,
　Ac yno deil i ganu.

(Crannog)

Seiren

Ni welaf mo'i thawelu; — y mae hon
　　Ar fy mod yn tarfu;
　Er mai taw a geir o'm tu
　Ynof o hyd mae'n canu.

(Tan-y-groes)

Adlewyrchiad

Ar y trên drwy'r trueni — awn heb weld
　　Y byd o'r ffenestri;
　Ni welwn ond unoli
　Y nos â'n cysgodion ni.

(Crannog)

Adlewyrchiad

Heddiw'r gwir yw'r anwiredd — yn y ffilm,
   A'r ffug ydyw'r sylwedd;
  Rhith o lun yw porth y wledd
  A'r sgrîn yw drws gwirionedd.

(Beca)

Gorchest
(Y Gymraeg)

Gwelodd arlliw o'i diwedd, ond o hyd
   Mae'n dweud â gorfoledd
  Nad yw byth am fynd i'w bedd,
  A hynny mewn cynghanedd.

(Y Cŵps)

Gorchest
(i Dylan yn flwydd a hanner)

Hudaist air arall allan — i'n synnu,
   A'i sŵn iti'n degan,
  Nes troi'r byd i gyd yn gân
  Drwy huodledd dy rwdlan.

(Pantycelyn)

Swampy

Yn ei frys anweddus ni all y byd
   â'i gerbydau cibddall
  oresgyn dawn gyfrwysgall
  Hen Ŵr y Coed hanner call.

(Caernarfon)

Print Mân

O dan hud y goeden iach — a'i hafiaith
  Mae 'na brifiant afiach;
 Yn warin y maneiriad
 Yn byw mae llwynogod bach.

(Ffair-rhos)

Iawndal
(Y Chwarelwyr)

Ddigalon fuddugoliaeth, — un rhy hwyr
  Ac mor rhad, ysywaeth,
 I roi tâl i'r to a aeth,
 Rhy hwyr i leddfu'r hiraeth.

(Bro Cernyw)

Dyddiadur
(Anne Frank)

Roedd yn alltud a mudan — yn poeni
  Tra bo'r pin yn gwichian,
 Ond cafodd y byd cyfan
 O ddur y nib ddarn o Anne.

(Dinbych)

Dyddiadur

Yno ceir fy mywyd cêl — a manion
  Fy myned a'm dychwel,
 A gwn na fydd pawb a'i gwêl
 Yn deall un staen dawel.

(Penrhosgarnedd)

Kyffin Williams

Ni ŵyr yr artist ei hun — eiriau'r iaith
 Sydd yn rhan o'i ddarlun,
 Ond a ydw i wedyn
 Yn deall iaith wrth weld llun?

(Y Taeogion)

Kyffin Williams

Rhwygodd ei ddawn garegog, — ei naddu
 O'r mynyddoedd cleisiog,
 A rhoi ei enaid ynghrog —
 Ef ei hun yw Pwllfannog.

(Pantycelyn)

Kyffin Williams

Yn y creu fe erys craith hen oesau,
 Honno'n asio'n berffaith
 Â'i wedd ei hun, arlunwaith
 Y ddoe hen nas edrydd iaith.

(Crannog)

Y Frân Wen

Rhoi llonydd a rhoi'r llwyni — oll yn oll
 A wnaf, rhoi'r wlad iddi,
 Dim ond ei bod yn codi'i
 Halaw o dwyll o'm plaid i.

(Waunfawr)

Y Frân Wen

Yn ddigymell o'r gelli daw o hyd
    er nad yw'n bodoli
  a ch'lwyddau ei hwyau hi
  yn aros i'w deori.

(Caernarfon)

Merthyr Tudful

Yn yr uffern rhwng rhaffau — ei hanes
    chlywodd hon 'rioed glychau,
  na diwrnod heb ei dyrnau
  yn waed coch ac wedi'u cau.

(Waunfawr)

Merthyr Tudful

Â thân yn dy wythiennau oet, fin Taf,
    yn tyfu cyhyrau
  nes daeth siarabang Angau
  i Ryd y Car â'i diciâu.

(Caernarfon)

Olwyn

Yn ei thro, ni fu'r daith erioed — yn un
    Fedrem ni o'n maboed
  Leisio y gwelem lasoed
  Na hwyl haf y canol oed.

(Bro Tryweryn)

Ffurflenni

Gennym bu gwaith amgenach — un adeg,
    Gallai 'nhad heb rwgnach
  Wella'i barc a chael llo bach
  Heb bori trwy bapurach.

(Bro Ddyfi)

Dosbarth
(gan gofio am y dosbarth a gollodd nifer o'u plith yn Dunblane)

Ein heinioes, o'n cydeni, fu'n un hwyl,
    Cydfwynhaem 'run gwersi,
  Yna ryw awr, yr un gri
  Gaed rhyngom wrth gyd-drengi.

(Penrhosgarnedd)

Alf Garnett

Ai'n direidi yw'r drewdod? A wyddom
    Mor hawdd drwy'r ffieidd-dod
  Fydd ein chwerthin digri'n dod?
  Nid undyn yw Prydeindod.

(Cwm Tawe)

Cefn Gwlad

Na roddwch gyfarwyddyd, — wŷr y dre,
    Ar drin ein hamgylchfyd;
  Ni all dihiryn alltud
  Weld be' yw be' yn ein byd.

(Tan-y-groes)

Cefn Gwlad

Hwy aethant o fro'r Pethe, — a'n gadael
   I gadw'r hen gartre,
  Ond daw'r rhain o foethau tre
  Yn ôl i sôn am hawlie.

(Bro Ddyfi)

Barn

Ddoe, troi'r cae brwyn drwy chwys wyneb — â gwŷdd,
   Yn gae o ffrwythlondeb,
  Heno â phin doethineb,
  Ei droi yn ôl yn dir neb.

(Y Tir Mawr)

Barn

Â'i holl hwyl, os ydyw'r Llun yn addo
   bod dyddiau hirfelyn,
  diogel i ddod, gwylia, ddyn:
  daw'r Sadwrn yn dra sydyn.

(Caernarfon)

Y Gwahoddiad

Ias ei phersawr yn pasio; un ennyd
   Â'i gwên yn fy ngwylio,
  Yn cilagor cyffro'r co',
  Yna'i thebyg aeth heibio.

(Yr Awyr Iach)

Enw

Er rhyfedded gair fyddo — yr enw
    Ar yr un a'i caffo,
  Wedi dydd ei fedyddio
  Tyf o hyd i'w siwtio fo.

(Ffair-rhos)

Enw

Iti bu taer chwilota — rhieni
    Am yr enw tlysa'
  Ond diwerth y prydfertha'
  Onid oes it enw da.

(Bro Ddyfi)

Cosb
(I fy Nhad)

O hyd, pan ddrwgweithredaf, ei gerydd
    mewn un gair a deimlaf,
  am mai y gosb dryma' gaf
  yw'r un dwrn nad yw arnaf.

(Y Taeogion)

Eddie Thomas

Rhagor ni ddaw o'i gornel, — a'i ddwylo
    A ddaliwyd mor uchel
  Yn y cylch, mae cist a'u cêl,
  A Duw sy'n dal ei dywel.

(Tan-y-groes)

Mahatma Gandhi
'This half-naked Fakir' — (Winston Churchill)

Er inni ei ddifrïo, yr Hindw
   O'r India, a'i wawdio,
  Cleddyf i'n cywilyddio
  Oedd ei fyw digleddyf o.

(Bro Ddyfi)

Drws
(I bob aelod o gynulliad newydd Gogledd Iwerddon)

Dal anhunedd y beddau yn dy law,
   dal ŵyr rhag ei ddagrau;
  dal y drws, dal di'r oesau
  rhag i wynt yr hwyr ei gau.

(Y Taeogion)

Drws
(Tad yn siarad)

Gan dy dad cei'r stad a'r stôr — o geriach,
   Cei gariad, cei ragor,
  Ond inni ddallt fod 'na ddôr,
  Fy hogyn, na wnaf agor.

(Crannog)

Dirgelwch

Yn y glaswellt digleisiau, pwy a ŵyr
   paham, wedi dagrau
  y darfod, fod 'na flodau
  a chreu gwyllt dros arch ar gau.

(Y Taeogion)

Gobennydd

Yn yr hwyr, i'm dwyn yn rhydd — o law cur,
    Daw plu cwsg o'r newydd
   Yn blu gwyn ar derfyn dydd
   A dihuno'n adenydd.

(Y Taeogion)

Cysgod

Ni welwyd unrhyw olion, — er hynny
    Ar sgrîn yn y galon
   Mae sbotyn du'n brathu bron
   Ac oedi'n y cysgodion.

(Crannog)

Rhieni

Rhamant y lloer wnaeth oeri — a'r geiriau
    O gariad yn tewi.
   Difrodwyd ein haelwyd ni,
   Ar wahân mae'n rhieni.

(Crannog)

Gwastraff

Lle bu 'nhaid a'i gyndeidiau — trwy eu chwys
    Yn troi chwyn yn gnydau
   A gwig wyllt yn glwt o gae
   Ni cheir ond gwlad i chwarae.

(Manion o'r Mynydd)

Gwastraff

Yn driogl hyd yr ewyn — daw sorod
   I suro y tywyn.
  Aeth i waed y traethau hyn
  A'u gadael yn wag wedyn.

(Dinbych)

Gobennydd

Bu ddedwydd ei freuddwydio; — ddoe fyrred
   Oedd fy oriau arno;
  Heddiw'n hen, anniddan o
  A hir yw'r bore'n gwawrio.

(Bro Ddyfi)

Camera

O agor clawr ei lygad — i'w adael
   I nodi'r digwyddiad,
  Anfarwolaf ryw eiliad
  A rhoi i wên hir barhad.

(Llandysul)

Buddugoliaeth?

(gan gofio'r tri brawd a losgwyd yn Ballymoney, 12 Gorffennaf 1998)

Ar lôn y cweryl heno — mae 'na un
    Fam na wêl byth eto'r
   Tri bach yn chwarae, tra bôn
   Nhwythau yn gorymdeithio.

(Dinbych)

Parch

Ddoe anodd oedd ei ennyn, — ei ennill
    A wnawn fesul gronyn;
   Ond i ni wrth fynd yn hŷn
   Ei gadw yw'r dasg wedyn.

(Dinbych)

Penillion Mawl a Dychan

Undeb Rygbi Cymru . . . a'u gweledigaeth

Arallgyfeirio 'di dyfodol rygbi:
I gaea' pêl-droed yn Lloegar, mêt;
Y tîm cenedlaethol gartra' yn Wembley
A Chwpan Cymru yn Ashton Gate.

Eifion Lloyd Jones (Dinbych)

Cwpan y Byd

Ffarwél i David Beckham,
I Shearer rhown 'ta-ta',
Mae Lloegr wedi colli . . .
Ha ha ha ha ha ha.

Emyr Davies (Y Taeogion)

Cwpan y Byd
(Lloegr v Yr Ariannin)

Aeth Lloegr tua'r smotyn
Yn tanio ar bob gwn,
Ond methodd y 'Scud Missile'
Y targed y tro hwn.

Dai Jones (Crannog)

Unrhyw Filiwnydd

Rwy'n byw fel brenin ar Ynys Jersey,
Be' goblyn 'di'r Hodge gennyf fi am Gymru?

Selwyn Griffith (Llanrug)

Unrhyw Filiwnydd

Ar siec mae ei lofnod yn amlwg drwy'r byd,
Fe allai ein prynu a'n gwerthu ni i gyd,
Ond fore dydd Gwener, rywdro ar ôl tri,
Roedd croes yr hen Julian yn werth llai na f'un i.

John Wyn Jones (Bro Alaw)

Y Gyfraith

Rhyw asyn tra llygredig
Yw'r gyfraith i'r colledig;
I'r bargyfreithiwr bron bob tro
Mae'n fwy o lo pasgedig.

Maldwyn Jones (Bro Myrddin)

Y Gyfraith

Rhowd stop ar ymladd c'logod,
Pob talwrn ga'th 'i gau.
Rhy greulon, meddai'r barnwyr,
Ond mae'r lladdfa yn parhau.
Lle mae braich hir y gyfraith?
Mae'r dyrfa'n gweiddi'n groch
A minnau yn y Talwrn
Yn w'nebu'r Ceiliog Coch!

Sioned Huws (Penllyn)

Y Mileniwm

Wel, diolch in wario yn helaeth
Ar achlysur mor andros o fawr!
Dim ond cwta bum munud bellach
A bydd bysedd y cloc ar yr awr:
Tair! Dwy! Un funud i ddeuddeg!
'Ding Dong' medd Big Ben, ond rwy'n fud,
Fe gysgais mae'n rhaid am ryw eiliad,
Ni welais na theimlo dim byd!

Ann Fychan (Bro Ddyfi)

Y Mileniwm
(Cyfrifiadur yn siarad)

Er cymaint eich holl ddatblygiadau i gyd
Cawn weled gan bwy y mae'r grym:
Pan fyddwch am gamu ymlaen i'r ddwy fil
Awn ni â chi 'nôl i 'dim dim'.

Ken Griffiths (Tan-y-groes)

Cyngor

'Cadw'r sbeis mewn priodas,'
Medd cynghorwr, 'yw'r dasg'.
Ond rydan ni'n gwneud hynny
Siŵr, bob nos Lun . . . Y Pasg.

Ann Davies (Llansannan)

Y Cyngor

Yn Bleidiol i'w berthnasau,
Llafuria tros ei ffrindiau,
Ceidwadol iawn o fewn ei gôl,
Rhyddfrydol gyda'i gostau.
Ond wedi'r ymchwiliad ar ôl y trip dramor
Yr un a fu gyfrin sydd mewn cyfyng-gyngor.

John Ogwen (Penrhosgarnedd)

Heddwas Rhan-amser

Cyw cadno'n methu ffitio,
Rhy fyr i 'muno â'r set,
Ei draed yn rhy fach i'w 'sgidiau
A'i ben yn rhy fawr i'w het.

Ann Davies (Llansannan)

Ffôn Symudol

Hosgins Ty'n Mercury
Sy'n gyfathrebwr o fri,
Gall siarad â phawb
Ar y Ddaear am 'n i;
Os oes rhai ar Fawrth neu Iau
Neu Wener a Sadwrn draw,
Gall hwn eu cyfarch bob un
Efo'r teclyn ar gledar 'i law;
Ond er bod y cread i gyd
Ar flaena'i fysedd hir, cul
Ni all roi dwylaw ynghyd
I siarad â neb ar y Sul.

Dafydd Hughes (Caernarfon)

Bobby Gould

Os ydyw am lwyddo
Dyma'i gyfle mawr:
Mae angen rheolwr
Ar Ferched y Wawr.

Elsie Reynolds (Merched y Wawr Dyfed)

Unrhyw Blaid

Os yw y corff 'di glasu
Mi'i gwnawn ni o'n iawn mewn chwinc.
Daw'r lliw yn ôl i'n bochau,
Rhown iddynt wawr o binc!

Wyn Roberts (Y Tir Mawr)

Hypnoteiddwyr

Roedd gen i barch i'ch doniau
Un amser, ar fy ngwir,
Yn gwneud i bobol gysgu
Mor syml ac mor hir,
Nes gweld gweinidog Seion,
Sy'n foi BA, BD,
Yn gwneud 'run fath â chitha'
I ffyliaid 'fath â fi.

John Gruffydd Jones (Bro Cernyw)

Hypnoteiddwyr

'Dwn i'm pam yr holl firi; dest rhoi pobl i gysgu
A deud petha gwirion i'r trueiniaid eu gwneud.
Deud y gwir yn onast, 'dyn nhw'm patch ar y wraig 'cw —
Dwi'n effro'n gneud popeth mae honno'n 'i ddeud.

John Ogwen (Penrhosgarnedd)

Y Trafodaethau

Rhown eitem ar agenda
I'w drafod y tro nesa
I beidio trafod, fis i ddod,
Sgwarnogod y mis dwetha.

Eirwyn Williams (Llanbed)

Rheolwr Tîm
(Carwyn James)

I fod yn rheolwr
Ein tîm cenedlaethol
Roedd popeth o'i blaid
Ond ei blaid wleidyddol.

Eirlys Davies (Merched y Wawr Dyfed)

Tirfeddianwyr

Roedd 'sgerbwd yng nghwpwrdd fy nheulu,
Cefnder fy hen nain oedd efe;
Am iddo ddwyn dafad mewn adfyd
Fe'i gyrrwyd i Botany Bay.
Rhyw gefnder i hen nain y sgweiar
Oedd arwr mawr teulu y Plas;
Y fo ladratodd y mynydd
'Nôl arfer byddigions o dras.
Dychwelodd rhyw or-ŵyr i'm cefnder
Bob cam o Botany Bay
A phrynodd adfeilion y Plasty
I wneud ffatri wlân yn y lle.

Huw Erith (Y Tir Mawr)

Banciau

O'u haelioni, rhoi yn llawen
Ymbarél pan wena'r heulwen,
Yna'i hawlio'n ôl i'w dwylo
Unwaith bydd hi'n dechrau glawio.

Ann Davies (Llansannan)

Gwerthwyr Ceir

Mae'u holew ar dafodau,
Di-frêc eu gyriant geiriau,
Pob corff yn sglein o eli drud
A'i ogla'n hud ar sieciau.

Eifion Lloyd Jones (Dinbych)

Canfasiwr

Os yw'r boi tu allan yn gwybod
Fod diwedd y byd gerllaw,
Petai'n dod rhyw bythefnos yn hwyrach
Gallai fod wedi arbed dod draw.

Dai Jones (Crannog)

Cardiau Credyd

Caf yfed gwinoedd ofer
Bob nos wrth far y 'Drover'
Gan wybod pan ddaw diwedd mis
Bydd gen i sawl 'hangover'.

Ken Griffiths (Tan-y-groes)

Cardiau Credyd

Pan ydoedd swllt yn swllt a phunt yn bunt
A hur y mis yn gywilyddus fain,
Bu'r werin yn bodoli ar y gwynt,
Yn ôl y chwedlau glywais gan fy nain.
I lygaid ei cheiniogau rhythai hi,
A'i rhestr wedi'i naddu mas yn ddoeth;
Ni wyddai beth oedd ystyr sbloet a sbri,
Dim ond y dethol rhwng y maeth a'r moeth.

Bellach fe droes yr olwyn lawer cwrs
A'r arian sydd yn blastig yn ein llaw;
Ac er nad oes un ffeuen yn y pwrs
Cawn dalu eto siŵr, ryw ddydd a ddaw;
A llenwi'r troliau yn afradlon lawn
Heb falio gronyn beth yw'r gost yn iawn.

Eirlys Davies (Merched y Wawr Dyfed)

Swyddogion y Cyngor

Fe'n ganwyd ni i'r swyddi
Yn gwisgo siwt o'r crud;
Ein llais yw y cynghorwyr,
A'n cyngor 'werth y byd.
Ni, fois y ffeil a'r jargon,
Yr anweledig rai,
Y *ni* sy'n penderfynu
A *nhw* sy'n cael y bai.

Ann Fychan (Bro Ddyfi)

Cynhadledd

Mae'n dweud cyfrolau am y safon
Gafwyd 'leni i'r dadleuon
'Da'r Torïaid lan yn Brighton
Taw'r prif bwnc trafod oedd ffrog Ffion
A'r ffaith 'i bod hi braidd yn risgi
Gyda'i Wili yn y gwesty.
A beth am Hague — a oedd e 'sgwn i,
Wrth rannu 'stafell â'i ddyweddi
Yn dal at bregeth fawr yr ha'
Wrth bawb o Gymru i ddweud 'Na'?

Huw Llywelyn Davies (Y Dwrlyn)

Bwyd Trên

Archebu 'Nghaergybi,
Bwyta'n Junction,
Trên yn ysgwyd,
Chwydu'n Euston!

John Ogwen (Penrhosgarnedd)
(ON: Yn llinell dau gall 'Junction' olygu yr un yn Llandudno neu yr un yn Watford! Yr ail sy'n arferol o'm profiad i.)

Bwyd Trên

Ychydig o dir i gledrau,
Nid erwau o gaeau gwair,
A rom bach o ddiesel neu drydan —
'Dan ni'n bwyta llai na cheir.

Wyn Roberts (Y Tir Mawr)

Prydeindod

Hen bladres grin y gornel,
Hen lysfam gas y byd,
A'th deulu wedi cefnu,
'Ti'n falch, er hyn i gyd,
A'th ddwrn rhy wan i afael
Mewn dim ond yn y co',
Mae'n siŵr y down i'r cnebrwn,
A'th gofio, o dro i dro.

Arwel Jones (Y Cŵps)

Yr Heddlu

Paham mae pawb o hyd mor gas
wrth weision glew y lifrai glas?
I'r plismon pentra rhoddaf fawl
os llwydda i i ddod o hyd i'r diawl.

Ifor ap Glyn (Criw'r Ship)

Ystadegau

Deng mil o filiynau o nerfau
Sy ar waith yn ymennydd dyn.
Pob clod i'r ystadegydd
A gyfrodd y rhain fesul un.

Alan Wyn Roberts (Bro Alaw)

Ystadegau

Rhyw un o bob miliwn sy'n dioddef
O'r hen aflwydd 'na, BSE.
Deg-y-cant yw diweithdra bellach;
Mae'r ffigurau yn wir, coeliwch fi.
A'r siawns am anffawd mor fychan,
Rhowch eich ffydd mewn Llywodraeth a'i llw,
Ond cofiwch am neges y Lotri,
Siawns eithriadol — *'It could be you'*.

Cynan Jones (Manion o'r Mynydd)

Cwmnïau Baco

A 'Dim Ysmygu' ymhobman, i'ch gwddf na ddoed lwmp
Nac ar eich stumog yr un arwydd o stwmp.
Am bob un sy'n diffodd, nid o ddewis i gyd,
Mae pump arall yn tanio yn y Trydydd Byd.
Waeth faint fydd yn siwio a mygu eich elw
Bydd rhyw Doriad Sidanaidd o hyd yn eich enw.
A'ch cyffur yn denu i'r mynwentydd yn drwch
Cewch aur yn y lludw a gemau'n y llwch.

John Ogwen (Penrhosgarnedd)

Cwmnïau Baco

Tasa'n enw i'n Gerallt,
neu'n well fyth, John Glyn,
hawdd iawn fasa tanio
am destun fel hyn.
Ond taswn i'n pwyllo,
fel basa Hedd Bleddyn,
haws fyth sugno cysur
o'r busnes ddaw wedyn.

Eifion Lloyd Jones (Dinbych)

Sioe Ffasiwn

Er gweled merch mor serchog ac mor hardd
    yw'r Gymraes — eneiniog
  y ffair oll — o dan ei ffrog
  dyna'i dillad yn dyllog.

T. Arfon Williams (Caernarfon)

Hofrennydd yr Heddlu

O'r 'sgidiau i'r beics ac o'r beics i'r Pandas,
Ond heddiw Chopper yw tegan yr heddwas.
Â'r galw arnynt i ddod yn agosach,
Maent yn ymateb drwy fynd ymhellach.
Ond crwc 'small time' sydd yn dwyn o Tescos
Wrth ochr peilotiaid sy'n spido mewn Jumbos.
Fry yn y nen y maent fel duwiau
Wrth iddynt gosbi o'r uchelderau.
I ni sy'n talu am fywyd diogel
Ni ddylen gwyno fod y 'Bill' mor uchel!

Ken Griffiths (Tan-y-groes)

Yr Ambiwlans

Canmolwn wŷr sy'n mynd ar ras
â'u seirens hir a'u golau glas.
Eu canmol fwy y byddwn i
pe baent yn gallu cyrchu tŷ
y claf heb holi oedd y dyn
yn sâl ym Mhenllyn neu 'Mhen Llŷn.

Dafydd Morris (Tegeingl)

Yr Ambiwlans

Angel gwyn, gwarcheidiol, gwibiog,
Ruthra drwy'r heolydd du.
'Moses' wrth y llyw yn agor
Môr o draffig ar bob tu.
Ino-nino'r seiren swnllyd
Yn atseinio dros y dre,
Jyst er mwyn i'r gyrrwr gwallgof
Gyrraedd 'nôl, mewn pryd, i de.

Gareth Lloyd-Williams (Glannau Llyfni)

Meddyginiaethau

Os wyt ti yn hoffi afiechyd
Gan ymddangos yn greadur go gall,
Mae 'na swydd sy'n clodfori dy lwyddiant,
Ac mae'r ddaear yn llyncu pob gwall.
Does dim ond rhaid dweud 'Penicillin' —
Mae hwnnw'n elicsir o'r sêr —
Dyw'r sillafu nac yma nac acw,
Dysga sgwennu'n annelwig a blêr.
Os wyt ti o dras Hindwstanaidd
Paid poeni na wyddost yr iaith,
Os ydi o'n rhywfaint o gysur,
All o mo dy ddeall di chwaith.
Mae 'na un peth sy'n gwbl hanfodol
Os yw'r truan yn welw ei wedd,
Rho apwyntiad pythefnos i'r creadur —
Gyda lwc bydd yn well, neu'n ei fedd.
Defnyddia y meddyginiaethau
A restrwyd fan hyn er dy fwyn,
A thra byddi'n siarad drwy d'anws
Byddant hwythau yn talu drwy'u trwyn.

John Morris Jones (Aber Clwyd)

Penillion Ymson

Ar Drên

Rwyf yma'n arbed arian
Ar drên yr Wyddfa fawr,
Tocyn plentyn ar ffordd fyny
A phensiynwr ar ffordd lawr!

Hedd Bleddyn (Bro Ddyfi)

Wrth Brynu Crafgarden

Bûm innau dro yn crafu byw
I gadw gwraig a theulu,
Ond erbyn hyn rwyf yn y ciw
Sydd yma'n byw i grafu.

Dai Jones (Crannog)

Mewn Cyfarfod Cyhoeddus

Mae'n deg i bawb gael siarad
A dweud ei farn mewn trefn,
Ond O, mi hoffwn dagu
Y ddynas 'na'n y cefn.

Edgar Parry Williams (Manion o'r Mynydd)

Wrth Yrru Car

Be ma'r testar ma'n rwdlan
Am oleuadau'r ffyrdd?
Wyddwn i ddim fod 'na
Ddim un ond gwyrdd.

Huw Erith (Y Tir Mawr)

Y Sawl a Ddyfeisiodd Fotwm

Dwi'n sownd, be wna i, gwthio ta tynnu?
Plwc sydyn i lawr, ta jyrc at i fyny?
Mi ddeuda i un peth, os byth dof o fama,
Y dyfeisiaf i rywbeth llai ciaidd na'r sip 'ma.

Huw Erith (Y Tir Mawr)

Mewn Mart

Pam mae hi'n rhaid i 'Oernant' a finne
Ddod i'r fan hyn i dderbyn 'fath brisie,
Pe taen ni'n dau yn gwerthu ein cerddi
Fe fyddai hi'n llawer gwell i'n pocedi.
Fe allwn i giel tridie'n y Ritz yn Llunden
Tra gwerthai Christie's fy mherlau'n llawen,
Ac fe werthai 'Oernant' ei waith ymhen tipyn
Mewn sêl bŵt car wrth Westy'r Emlyn.

Elwyn Breeze (Bro Ddyfi)

Mewn Mart

Rwyf yma'n cael fy ngwasgu:
Sdim lle i gilio o'r neilltu.
Yn codi'i gwt mae bustach drud,
Gwnaiff garantîd besychu.

Arwel Jones (Tan-y-groes)

Mewn Llys Barn

Mae'r rheithgor yn dal i fod allan
A'r carcharor yn dal yn ei gell,
A does 'na 'run twrna ar gael i mi,
A fi sydd o flaen fy ngwell;
Pa ots gan y byd ydw i'n farw neu'n fyw
Ond dwi yma o hyd, am mai fi ydi Duw.

Dafydd Hughes (Caernarfon)

Wrth Fwyta Wy

Rwyf fi yn amgylcheddwr triw,
Ailgylchaf yn ddi-ball,
A dyna pam, fy wy, yr ei
O un pen ôl i'r llall.

Carroll Hughes (Bro Dysynni)

Wrth Fwyta Wy

Rwyt ti'n dda ofnadwy
Yn ddarnau ar lwy;
Biti na fase
Gan dy fam din mwy.

Rhodri Jones (Bro Tryweryn)

Ar Lan Yr Iorddonen

'Ches i'm gwadd i gael 'Te ar Ben Talar',
'Di Beti ddim isio fi chwaith;
Mi fethais fynd trwodd at Sulwyn
Na Jonsi, er ceisio sawl gwaith;
Ond os oes 'na stiwdio'n y Nefoedd,
Fe gaf fi fy nial yn llawn —
Mi ofynnaf am 'Funud i Feddwl'
A'i stretsio fo'n hir iawn, iawn, iawn.

Menna Baines (Y Taeogion)

Mewn Storm

Siwiai'r gwynt! Siwiai'r gwynt!
Am iddo fynd â 'nrws,
A'r to yn dalpia oddi ar y tŷ gwair,
Wel, tydwi yn berchen lle clws.
Siwiai Manweb a Teli-com,
Dest na siwiai'r Bod Mawr ei hun
Am anfon ei storm ar fore dydd Mawrth,
A fy 'swiriant i'n gorffen dydd Llun.

John Ogwen (Penrhosgarnedd)

Ar Fwrdd Llong

Fel capten llong danfor rwy'n teimlo'n rêl twpsyn
Ar ben y bwrdd bwyta, rhag gwlychu fy shŵs;
Mae balchder mewn suddo oherwydd taflegryn
Ond hen dric dan din oedd rhoi cnoc ar y drws.

Nudd Lewis (Yr Awyr Iach)

Wrth Gofgolofn

Rwyf yma ers deuddydd yn cerfio llythrennau
Ar gofeb cynghorydd, un llawn ystrydebau.
Fe dyfodd o dlodi hen werin y graith
A chawn ninnau ein hannog i gofio ei *waith*.
Hen dro bod y cŷn wedi llithro'n y tarth
Nes cymell y cyhoedd i gofio ei *warth*.

Emlyn Davies (Y Dwrlyn)

Ar Rew

Rwy'n siŵr mai i Blaid y Torïaid
Y trefnodd Duw y fath beth ag iâ,
Ac os llithriad a chwymp oedd ei fwriad
Fe lwyddodd yn syndod o dda.
Rydym ni yn y blaid yn gyd-wadwyr —
Pe gofynnai gohebydd i mi
A gysgais â Randi Matilda
'Dim un winc, dyna'r gwir,' ddwedwn i.

John Morris Jones (Aber Clwyd)

Wrth Dderbyn Post Sgrwtsh

Heb agor yr un amlen
Fe'u postiais 'nôl ddydd Mercher,
A nawr rwy'n methu deall pam
Y daethant 'nôl ddydd Gwener.

Emyr Davies (Ffostrasol)

Wrth Dderbyn Post Sgrwtsh
(Ymson y Meuryn)

Tabledi i'm cadw yn groeniach	Bin
Rhyw hufen i'm gwneud i yn ddelach	Bin
Gwahoddiad am wyliau 'da Sagas	Bin
A ffurflen sybscripsiwn i Barddas	Bin
Bil trethi uffernol a thasgau Ffostrasol.	Bin, Bin

Wynford Jones (Tan-y-groes)

Ger Loch Ness

Mae mynd ar wyliau i Loch Ness
Fel menyw'n gwisgo bra,
Chi'n disgwyl gweld rhyw bethe mawr,
Ond diawl, does dim byd 'na!

Eifion Daniels (Beca)

Mewn Porthladd

'Pan ddaw'r llong i mewn,' oedd ateb Mam
Pan geisiwn rhyw degan go ddrud,
A disgwyl i'r llong honno ddocio
Yn yr harbwr yr ydw i o hyd.
Fe gredais sawl tro im ei gweld hi
Draw'n y niwl ar y gorwel pell,
Ond llong rhywun arall a laniai bob tro
Â chargo y bywyd gwell.
A heno, a'r llygaid yn pylu
A'r niwl yn oer uwch yr aig,
Rwy'n dechrau rhyw amau fod llong fy Mam
Wedi taro yn erbyn rhyw graig.

Gwyneth Evans (Bro Myrddin)

Wrth Agor Llidiard

Mae clicied a latsh yn reit hwylus,
Mae tynnu bollt yn reit chwim,
Ond pan fo iet Sais wedi'i chlymu
Mae bwyell cystal â dim.

Ceri Jenkins (Ffair-rhos)

Wrth Agor Llidiard

Mae'r cerddwr yma'n hawlio
Cael crwydro ble y myn
I sathru ar brydferthwch
Pob mynydd, dôl a glyn.
Agoraf iddo'r llidiard
Gan estyn iddo law,
Ai fo neu'r tarw tybed
Fydd gynta'r ochor draw?

Elwyn Breeze (Bro Ddyfi)

Ger Cartref Enwog

Mae'n bechod fod adar 'di baeddu'r
Llythrennau ar gofeb mor hardd:
'Mond 'Gera . . .' dwi'n weld . . heb 'mi graffu . . .
'Lloyd Owen . . . Dyn Llyfrau . . . a Bardd';
Mi sycha' i'r llanast 'ma rŵan
O barch at fy arwr i . . .
Dyna'r gwaelod yn lân . . . a'r 'Lloyd Owen' . . .
A'n ola, 'Gera . . . i . . . n . . . t.'

Eifion Lloyd Jones (Dinbych)

Wrth Edrych ar Gomed

Wrth edrych tua'r nefoedd
Mewn syndod gwelaf hi,
A phan ddaw lawr i'r ddaear
Gobeithio y gwelith hi fi.

Ioan Roberts (Bro Alaw)

Wrth Edrych ar Gomed

Ar wib ar draws y gofod
Yr ei fel hediad brân,
A mynd fuaswn innau
Pe tasa 'nhin ar dân.

    Edgar Parry Williams (Manion o'r Mynydd)

Meddwyn wrth Risiau Symudol

Mi rydw i'n fan yma
Ers bron dri chwarter awr.
Bob tro rwy'n dringo i fyny
Rwy'n dod yn ôl i lawr.
Ond dydw i ddim yn wirion,
Os ydw i'n hoff o win,
Mi ddrysa i y diawliaid —
Af fyny wysg fy nhin.

    Gwilym Morris (Llanefydd)

Wrth Agor Llyfr
(Undeb Rygbi Cymru)

Wrth agor llyfr llwyddianna
'Rhen wlad y degawd dwytha
Mae'n anodd deall sut mae'n hwy
Na dwy o dudalenna.

    Arwyn Roberts (Bro Alaw)

Penillion Telyn

Clywaf rai o hyd yn honni,
Os di-blant oedd dy rieni,
'Nôl astudiaeth rhyw ymchwilydd
Ni chei dithau chwaith olynydd.

Huw Erith (Y Tir Mawr)

Clywais sôn, heb glywed hefyd,
Fod llanc arall gan f'anwylyd;
Mae mor anodd deall clebar
Gyda chalon sydd yn fyddar.

Ifor Owen Evans (Crannog)

Clywais sôn fod ynom oll
Y plentyn fuom unwaith;
A dyna pam mae'r plentyn hwn
Â'i law ar wn yr eilwaith.

Carys Hall Evans (Yr Awyr Iach)

Lawer tro mi fûm yn gofyn
Ble mae'r ferch bûm yn ei chanlyn,
Ond mae hithau'n holi hwyrach
Ble mae'r llanc nad ydwyf bellach.

Ifor Owen Evans (Crannog)

Lawer tro mi fûm yn gofyn
Sut beth ydyw bod yn Rhywun.
A oes raid, i gael eich 'nabod,
Ildio popeth ond eich cysgod?

Menna Baines (Y Taeogion)

Ddoe fe aeth y wennol olaf,
Mynd ymhell rhag stormydd gaeaf,
Mynd ymhell wnawn inna hefyd
'Tawn i'n siŵr y cawn ddychwelyd.

Enid Wyn Baines (Glannau Llyfni)

Ddoe fe aeth y wennol olaf
Draw i'r de rhag heth y gaeaf.
Hebddi mae y lle 'ma'n unig,
Mae eleni'n marw 'chydig.

Gwynfor Griffiths (Nantconwy)

Cynnes oedd y croeso heno
Yn y bar a minnau'n gwario;
Wedi yfed llwyth o gwrw
Aeth y croeso mwyn yn chwerw.

Edgar Parry Williams (Manion o'r Mynydd)

O dan wên mor fwyn â'r awel
Mae dy gariad fel y gorwel,
Er cael gwynt i'm hwyliau droeon
Nid wyf nes at gael dy galon.

Huw Edwards (Pantycelyn)

Ym Modlondeb ar bentymor
Y mae'r llwydrew ar do'r 'sgubor;
Y mae'n adeg ffair glangaeaf,
Falle symud flwyddyn nesaf.

Ifor Owen Evans (Crannog)

Hir oedd ffyrdd a bach fy nghamau,
Hir a heulog oedd y gwyliau,
Hir pob gwers a phob ymaros —
Byr yw'r daith a'r bedd yn agos.

Norman Closs Parry (Tegeingl)

A'r helygen yn ei blagur
Byddai'r gwanwyn gynt yn gysur;
Erbyn hyn fe ddysgais inna
Fod gwydda bach yn palu c'lwydda.

Enid Wyn Baines (Glannau Llyfni)

A'r helygen yn ei blagur
Anodd coelio cwyn y durtur.
Pan fo'r gaeaf yn y brigau
Hawdd yw coelio cnul y nodau.

Huw Erith (Y Tir Mawr)

Os cest sarff o flwyddyn 'leni,
Heb fawr iawn i'w ddwedyd drosti,
Cwyd dy galon, edrych 'fyny,
Bydd 'leni newydd bore fory.

Mallt Anderson (Parc y Rhath)

Fis yn ôl roedd clamp o leuad,
Fis yn ôl ro'n i mewn cariad;
Er bod clamp o leuad eto
Mis yn gallach ydwyf heno.

Menna Baines (Y Taeogion)

Fe ddywedir gan y llygad
Pan fo mab a merch mewn cariad;
Peidied neb yr adeg hynny
Goelio'r tafod sy'n ei wadu.

Ifor Owen Evans (Crannog)

Yr un llygaid â'i daid, yr un osgo â'i nain,
Yr un ffunud â'i fodryb efo'i ên fechan fain.
O'i gorun i'w sawdl, ail-bobiad yw babi,
Er mor newydd i'r byd, y mae'n hen cyn ei eni.

Enid Wyn Baines (Glannau Llyfni)

Mai fy nghwrdd â'r ferch lygatlas,
Mai yr oed a Mai'r briodas,
Mai â'i flodau yn gonffeti,
Mai yn drist â'i amdo drosti.

Ifor Owen Evans (Crannog)

Cywyddau

Cyfeillgarwch

(Rhwng taid a'i ŵyr)

Â dyhead nawn Sadwrn
Hyd y dydd yn codi dwrn,
A gwaedd 'r ôl gwaedd yn gwahôdd
Terasau i ferwi trosodd,
Yn y dorf mae taid a'i ŵyr,
Yn y sŵn yn llawn synnwyr.

Ym mhadog y cefnogwyr,
Yno maent ar bwys y mur.
Eto 'rioed yn gymaint rhan
O'r dydd na edrydd oedran;
Yn ddiwahân gwylia'r ddau,
Dau agos, y tactegau.

Dau'n un eu barn, dau hen ben,
Dau'n eu lliwiau yn llawen,
Dau gâr o fewn byd o'i go',
Dau'n gwybod yn y gwibio
Bod angen mewn byd anghall
I roi llaw yn llaw y llall.

Idris Reynolds (Crannog)

Cyfeillgarwch

(Rhwng llofrudd a merch ddieithr)

Nid oedd ond cyfri'r dyddiau
Nes i awr y gosb nesáu,
Cyfri nes dyfod dial,
Pydru'i oes rhwng pedair wal.

Ond er hired yr oriau
O'i fewn a'i ofn yn dyfnhau,
Yr oedd hi'n ei gyffwrdd o
Yn dyner heb fod yno.
Drwy gysur llythyr, ei llaw'n
Estyn i'w gornel ddistaw
I'w gynnal yn ei gyni;
Roedd yno yn gwrando'i gri.

A'r waliau'n ei ffarwelio
Daeth yr awr i ŵr Death Row
Wynebu ei gydwybod,
Eistedd a'r diwedd yn dod,
A'i llythyr i'w gysuro
Yn ei law i'w gynnal o,
A rhyddha drwy weddi hon
Y waedd fu'n ei berfeddion.

Marc Lloyd Jones (Yr Awyr Iach)

Crefftwraig

Yn oriel glir y bore
Mae i'w gweld yn rhwymo'i gwe
Linyn wrth linyn ar lwyn
Â gwawn ysgafna'r gwanwyn.
Pwytho'r gwlith y mae hithau
A bwrw rhwyd drwy'r dail brau'n
Gelfyddyd am funud fer —
Ei gwe undydd o geinder.
Ati hed y gwybedyn
Yn brae i gell ei barrau gwyn
Nad yw'n gweld cadwyni'i gwe
Na'i dannedd drwy'r sidanwe.

Emyr Davies (Y Taeogion)

Arwr

Yn y dydd fe ddaw yn dad
A'i gerrynt gwyllt o gariad
I'w herian, a'i gyhyrau
Mawr, fel cawr amdano'n cau;
Dod yn fôr o hiwmor iach
A'i gario fel 'tai'n gorrach.

Ond yn y gwyll daw yn gas
A mynnu'r hen gymwynas,
Dod a'i ddwylo'n chwifio'n chwil
Yn anferth o anghenfil,
Yn ffiaidd, sadistaidd dad,
Yn hunllef greulon, anllad.

Richard Parry Jones (Bro Alaw)

Clawdd

Ym mhrifiant plentyn unwaith,
Ddoeau'n ôl, roedd clawdd yn iaith,
Led y gôl, yn flodau gwyn
Rhyw hen fagwyr, yn fwgyn
Slei plant mawr i lawr y lôn,
Yn stiw o lysiau duon.

Yno ym mhlygiad profiadau
Hyna'r co' sy'n ffinio'r cae
Mae gweadau'n doeau'n dynn,
Yn dal yn yr oedolyn
Gan mor gymhleth y'u plethwyd
O glawdd i glawdd hyd y glwyd.

Idris Reynolds (Crannog)

Cymwynaswr

(sef y guide *a'm tywysodd o amgylch
Carchar Kilmainham yn Nulyn)*

Gwn iddo adrodd ganwaith
yr un wers fel rhan o'i waith,
ac eto wrth iddo wau
hen drywydd ei storïau,
clywais, ym molltio'r cloeon,
agor y frest, ġeiriau'i fron:
brawddegau o glwyfau gwlad
yn yr adrodd yn ffrwydrad.
Tu ôl i'r sbectol coleg
yr oedd ei lygaid yn rheg;
ei gof, fel y drysau'n gaeth,
a'i groen yn llawn gweriniaeth.
Ac yng ngharchar gwlatgarwch
un pnawn llawn pelydrau llwch,
yr oedd pob estyllen frau
yn ddihareb ddieiriau.

Yng ngeiriau'i wythiennau o
oerais, oedais — a gwrido.

Ceri Wyn Jones (Y Taeogion)

Pentymor
(John Jones, gwas fferm a newidiai le bob blwyddyn)

Nid ardal ond ardaloedd
Hudai hwn; mor hyfryd oedd
Newid Llan wrth newid lle
A chrwydro 'nhawch yr hydre'
Ffeiriau'r oes, lle'r yfai'n ffri
O lager y cyflogi.

Un plwy' sydd iddo mwyach,
Hyd ei fyd yw stafell fach;
Ond i un na fynnodd dŷ
Na hualau un teulu
Troi'n yr unfan sy'n anodd
A Chalan Gaea'n gwahôdd.

Idris Reynolds (Crannog)

Cyfeirio Dieithryn

Ar y lôn union honno
am yr haul dewch draw i 'mro.
Dewch dros y ffin o'r ddinas,
o'r wal lwyd i'r awyr las;
Am yr hwyl ym merw'r ha'
anelwch oll am Walia.

Os aros yw eich bwriad
fe gewch dŷ i'w rentu'n rhad.
Mae bythynnod hynod hon
yn galw am drigolion.
O dewch wir, o dewch da chi,
yn uniaith, yn ddwsenni.

Gwenallt Ifan (Dinbych)

Eifionydd

Unwaith, celwydd oedd henoed
Nain â'i gwên ger y Lôn Goed.
Ei haur hi oedd geiriau hen;
Rhywiog oedd ei chystrawen.
Haf uniaith oedd Eifionydd
Hirfelyn heb derfyn dydd.

Allwedd i'r oll a feddwn
Yw tir yr hoff gwmwd hwn;
Ffein wlad fy ngorffennol i
A gardd o hwiangerddi.
Daw cysur o'i murmuron,
Erwau hud yw'r ddaear hon;
Bröydd rhwng mynydd a môr
Yn gafael; bu dygyfor
Chwedlonol bythol y Bae
Yn erchwyn ym mhob gwarchae.

Hen bwnc sydd heddiw yn bod
Eilwaith yw Cantre'r Gwaelod.

Twm Prys Jones (Caernarfon)

Partneriaeth

Dim ond chwiban trwy'i ddannedd
Is y Foel, mae'r llais a fedd
O hirbell yn cymell cam
Y cysgod dulas, coesgam.

Mae Treb yn gyfathrebwr —
Anian ei gi sy'n y gŵr.

A'r ci call a'i driciau o
Yn gweld, a throi, a gildio,
Ac yn bwyllog ar glogwyn
Yn ei dro'n gwarchod yr ŵyn.

Yn nannedd y Carneddi
Anian y gŵr sy'n ei gi.

Gwynfor ab Ifor (Tregarth)

Partneriaeth

Byw'n gytûn gyda'u hunain,
Dyna yw oll taid a nain.
Dieiriau'u dealltwriaeth,
A'u deddf, profiadau a aeth.
Aelwyd heb fawr o holi
Ac un heb ateb yw hi.
Un â'i winc a'r llall â'i nòd,
A 'hym' awgryma amod,
Rhyw 'dwt twt', neu brocio tân
Neu dagiad sydd led egwan.
Daeth symlrwydd arwyddion
Â hedd i'r berthynas hon.

Alwyn Williams (Llansannan)

Braint

Yn y gwawl pan fydd y gwin
Yn lliwio pair gorllewin
A'r Wern dan waed yr hwyrnos
Ceir rhyw hud tros Barc-y-rhos;
Y ddaear dan gyfaredd
Nef yr hwyr yn fôr o hedd
Ac aberth gwaedliw'r perthi'n
Golchi'r llwyn a chochni'r lli'n
Afon daer. Ar derfyn dydd,
Yn gynnwrf ym mhlu'r gweunydd,
Ar hyd y llain rhed ei llif
Ac edliw imi'r gwaedlif.
Mae Ei ras a grym rhyw Un
A'i farw 'mhob diferyn.
Yn y gwyll gwyraf dan gêl
A diolch Iddo'n dawel.

Eirwyn Williams (Llanbed)

Harddwch

Â'r gwanwyn ar egino
A bwrw'i hud dros ein bro,
Ar ffridd a glyn disgyn dafn,
Disgyn yn gawod ysgafn,
Ac yn anwel, gwenwyno
Erwau'r grug a chwerwi'r gro.
Ond mae'r fyddin felinau
Yn y wlad yn amlhau
I adfer hud y fro wen,
Rhodau i adfer Eden.

Dai Jones (Ffair-rhos)

Iwerddon

(Daeth gwŷs o'r BBC yn gofyn i'r beirdd beidio â bod yn wleidyddol eu cerddi wrth i'r Etholiad Cyffredinol nesáu)

Pwl o atal yw'r talwrn,
a'i ddweud, fel paffiwr heb ddwrn;
a ninnau'n dod heno'n dîm
anwleidyddol a diddim
i roi cerdd i Iwerddon,
a'i chloi o fewn cân fach lon:
cân lanach, gwynnach na'r gwŷs,
gwynnach na phen y Guinness.
Mae ein cywydd mewn cewyn:
geiriau haws na'r gwir ei hun;
y llên hwnt i achos llys,
difwled o ofalus.

Ar hyn, fe yfaf yn rhwydd
wydryn o ddiniweidrwydd:
anwybyddaf ei beddau,
ni thristâf wrth ei thristáu;
mae ei bomiau'n ffrindiau ffraeth,
mae ei dig yn gymdogaeth.

Ceri Wyn Jones (Y Taeogion)

Amser i Bopeth

Mae'r hud yn nhymborau hon,
Ynys y pererinion.
Mor hamddenol â'i golwg,
Si'r môr, mor gynnes â'r mwg
Pwyllog o gorn Tŷ Pellaf
Yn oedi di-hid ei haf.
A'r Cafn yn croesawu'r cwch
Nwyd heli dry'n dawelwch,
Dim ond y llanw'n pwnio
Ei grud mewn gwymon a gro.
O gyrraedd brys ac oriawr,
A môr gofidiau'r Tir Mawr.

Gareth Williams (Y Tir Mawr)

Gweddi

Fel pob cerdd am Iwerddon
rhwydd ei hiaith yw'r weddi hon.
Pob bwled sy'n gwpled gwae,
a'i dynion, dim ond enwau
i rymuso'r emosiwn:
rhoi poen llanc i'r pennill hwn,
wrth i reg rhyw frawddeg frau
droi ei waed yn drawiadau.

O Dduw, rho i 'ngweddïau
adnod rheg y geg ar gau,
ynof i yn dân heb fwg,
yn gywyddau'n y gwddwg.

Ceri Wyn Jones (Y Taeogion)

Amheuon

Fin hwyr y mae ynof nos
Oerach, a'i hofn sy'n aros
Yn unsain fel ias canser,
Ofn astud, mud yn y mêr.

Yng ngwres y ward a'r cardiau
Nid oedd ond pryderon dau,
A'r sgwrs mor nerfus â'r sgan;
Drwy'i hing, prin medru yngan.

Troes pryder yn hyder haf
A'r heth i'r blagur eithaf.
Rhoes natur gyffur a gwau
Ei llewyrch efo'i lliwiau.
Ond, a hances ei pheswch
Eto'n drwm a'r coed dan drwch
O eira, daw'n llesmeiriol
Ias nos ddiloches yn ôl.
A'i sgan, mewn lloer sy'n llesgáu
I wegian ar y brigau.

Gareth Williams (Y Tir Mawr)

Y Dyrfa

(Marwolaeth ac angladd Diana)

Yn awr frau ei hangau hi
y deorwyd tosturi;
hi'n perthyn heb berthyn. Bod,
a neb am ei chydnabod.

Ond cwrs ynfyd funudyn
a'i wae, droes y du yn wyn,
a dagrau y gruddiau'n grwn
yn mesur yr emosiwn,
a mynwent y palmentydd
yn iasau dwys nos a dydd.

Ymadael yn haul Medi
i nef ei hafallon hi,
a thorf yn blodeuo'i thaith,
a hi'n wynnach — am unwaith.

T. Gwynn Jones (Bro Myrddin)

Pentref

Trof 'nôl tua'n pentref ni,
i'w glydwch a'i galedi,
ac i'n pentref cartrefol,
da chi yn awr, dowch yn ôl.
Awn i enwi'r ffynhonnau
a'n geilw'n ôl i'w glanhau
fel y gwnaeth Mam, a'i mam hi;
torrwn yr hen gwteri
ac ailagor eto'r rhain
yn eu henwau eu hunain,
ac i'w hwyneb digynnwr'
estynnwn ddoe mewn stên ddŵr.

Gwilym Herber (Cwm Tawe)

Enwogrwydd

(Diana)

Roedd blodau, blodau o'i blaen
a chôr, a bandiau'n chwarae'n
osgordd, a thorf yn gwasgu,
a'u llygaid tanbaid bob tu'n
llowcio'i harddwch lle cerddai
â grym hardd blaguro Mai,
drwy swae a chyffro'r bore,
drwy'r blodau, blodau, i ble?

I'w nos, lle mae'n anwesu
un rhan fach o'r hyn a fu:
petalau crimp tawelwch
yn ei llaw yn troi yn llwch.

Emyr Lewis (Cwm Tawe)

Eiddo

Tynnai Patten y llenni
Ar fin nos ein canrif ni,
Yfai win hafau a aeth
O wydryn ymerodraeth;
Hen actorion Victoria
Yn eu rhwysg a gladdai'r ha',
A chloi'r ddrama gydag o
Ar y sgrîn yn rhes gryno;
Wylo hallt tu ôl i wên,
A'r glits yn cuddio'r glatsien;
Heb aros hyd y bore,
Aeth Hong Kong yn Têc-awê.

Dai Jones (Crannog)

Cymwynaswr

*(I John Evans, Gwesty'r Emlyn am roi cartref
i'n Dosbarth Cynghanedd)*

I'n dosbarth mae Sycharth sydd
Yn aros, ac mae'i cheyrydd
Yn gyfan ac yn gyfoes
I go'r hil yn Nhan-y-groes.
Haelioni pum can mlynedd
Yno mwy sy'n rhannu'r medd.

Nid yw cyrchfan cân yn cau,
Drwy'r oesoedd deil y drysau
Yn ddi-glo i brydydd gwlad,
Trin gair yn troi'n agoriad,
A geiriau teg gŵr y tŷ'n
Chwedel i'n disychedu.

Yno heddiw mae noddwr
Y gerdd, pendefig o ŵr,
Yn rhoi'i win i glerwyr iaith,
Rhoi i gymell rhigymiaith;
Rhoi'n ddiatal o'i galon
Wna Ifor Hael y fro hon.

Idris Reynolds (Crannog)

Taith

Rwy'n cŵl tu ôl i'r olwyn,
Yn ddi-ofn mewn car 'di'i ddwyn.
Yn reidio rownd sgwâr y dre
I herio'r glas i chware;
A daw gwefr wrth newid gêr
Ac ar wib llosgi rwber.
Gwefr gyrru'n braf dros bafin
A ffei i bob rheol a ffin!
Mynd i rywle, nunlle wnaf;
Y Fi sy'n gyrru fwyaf!
Sbardun, heb frecio unwaith:
Rhuthro dod mae pen y daith.

Marc Lloyd Jones (Yr Awyr Iach)

Maes yr Eisteddfod

Anwel yw ar fapiau'r wlad,
Ein halaw yw'r lleoliad.
Nid y cae ond y cywydd
Yn y bôn yw'r man y bydd,
Rhyw weirglodd a adroddir,
Rhyw hen dant, nid darn o dir.

Ein greddf yw cynnal 'Steddfod
Ar hen barc sy'n rhan o'n bod,
Nid mewn tref na phentrefi,
Ond yn nwfn ein henaid ni,
Un llain o Awst sy'n llawn haf
Yn y galon ddirgelaf.

Pan â'n maes yn dipyn mwy
Yn ei led na'r gweladwy,
Doniau'n doe yw lled ein dôl,
A'i hyd yw ein dyfodol;
Ein rhuddin yw ei ffiniau,
Daear y cof ydyw'r cae.

Idris Reynolds (Crannog)

Cwymp

Oet gi Gwen, oet gi annwyl;
Cailo oedd fêt, claddaf hwyl;
y ffrind ar derfyn pob ffrae
yn aros imi chwarae,
y ffŵl â dant i'w ffeilio
yn ôl babi'r lori lo!

Cofiaf dy wedd, gwaeledd Gwen,
a'th hiraeth wrth ddaearen;
do, rhoes dy ên o dristáu
ryw ias wrth droed y grisiau.
Hen goel yw bod cŵn yn gall,
ond myn Duw, maen nhw'n deall.

John Hywyn (Glannau Llyfni)

Camp

Heb os, gweld mam a'i chybôl
Aeth yn niwsans wythnosol,
Mewn cadair yn ddieiriau
Heb bwyll oedd a'i byw'n pellhau.
Awn ati heb gael ateb,
Iddi hi 'do'wn i yn neb.

Ond ddoe, cyfarchiad a ddaeth
Yn waedd o gydnabyddiaeth,
Un enw o'i ynganu'n
Adfywhau'r adnabod fu,
Un wên cyn torri'r tennyn
Yn ein cydio eto'n dynn.

Nia Powell (Manion o'r Mynydd)

Ynys

Mae llawnder y cwteri
yn storm yn fy nglustiau i,
a holl adar bach llwydion
y wlad wedi ffoi o'r lôn,
yn dyst fod gofidiau'r dydd
ynof innau yn fynydd.

Islaw ac Enlli'n dawel
a hen ofn y swnt yn hel
yn eigion, teimlaf ragor
a gweld mwy na gwlad a môr.
Yn y glaw'n ei gwylio hi
oedaf i weld pwy ydwi.

A Duw rhyngom ni ein dau
yn rhwygo dros y creigiau
a'r dŵr cyn ddued â'r dydd,
mi wn, yma'n Uwchmynydd
pwy yw pwy'n wyneb bywyd
a be' 'di be' yn y byd.

Meirion MacIntyre Huws (Waunfawr)

Cyfoeth

Yng ngherdin Moel Eithinen
chwery'r haul uwch Erw-hen
derfyn haf; rhed criafon
ar y grib a thwyni'r Gro'n
lleiniau cain; rhuddemau coch
o amgylch y llwyn fflamgoch.

Tresi'r haul tros Warhelyg
a Thy'n Grofft tan garthen grug;
aeron yng nghloddiau'r lonydd,
gwres yr haul ar egroes rhudd.
Yr had yn pingad mewn perth;
ein rhodfa'n fodrwy brydferth.

Estyn llus a staenio llaw
ym mhrysgoed gemau'r ysgaw;
y llawnder yn goferu
sgwd o win o'r fflasgiau du,
a mynnwn ef, â mwynhad,
o gawg aur gwin dau gariad.

Eirwyn Williams (Llanbed)

Diolch

Cymen, heb annibendod
A di-fai yw'n byd i fod;
Rhuthro gan gwyno ganwaith
Ar ein gwŷr mai bwrn yw gwaith
Y cartref, a'r plant hefyd
Yn hefru, hefru o hyd.

Ond eiliad o dawelwch
Yn y llan, rhoi llwch i'r llwch,
Wna imi ddechrau amau —
Ein lle ni yw llawenhau.
Gwawn yw ein byw, gwyn ein byd.
Diolch am ddyddiau diwyd.

Eleri Davies (Merched y Wawr Dyfed)

Diolch

(Gweddi Cwrdd Diolchgarwch)

Ein Tad, mi drown atat Ti
Heddiw, ynghrwm mewn gweddi.
Diolch am bridd ein daear,
Erwau'r cwm a'r caeau âr,
Am bob trysor tymhorol,
Am y glaw a ddaw â'r ddôl
Yn irlas wedi'r hirlwm,
A bywhau ein lleiniau llwm.
Rhoest, O! Dad, yn rhad o'r hin
A rydd i'r grawn ei ruddin.
Rwyt noddfa 'nghur ein hangen
Yn y maes o hyd. Amen.

Emyr Jones (Tan-y-groes)

John Ogwen

Irlanc, a ŵyr werth ffyrling
Goror y slaets, gŵr o Sling
A ŵyr siom gweithiwr a sen
Awyrgylch 'taro bargen'.

Daeth â'i ddameg i'r gegin,
Pytiau o'r sgript ar y sgrîn;
Rhoi y cur, a rhoi gwefr cân
Yn ceibio'r gainc o'r caban.
Rhoi ei oll i'r bonc oedd rhaid
Y llaw i ennill llwyaid.

Diolch am ddrama'r dewin,
I gawr mor wych — gŵr Maureen!

Medwyn Jones (Aber Clwyd)

Dic

Y mae un yma heno,
Daw ar ei wib amal dro,
I dywys ein tlawd awen
O dasg i dasg gyda'i wên;

Nid yw'r lincs na chlustiau'r wlad
Yn deall ei wrandawiad;
Ni ddaw cymorth ei borthi
Hyd yn oed drwy'n radio ni.

Ond y mae, fel beirniad mud,
Yn eistedd drwy awr astud,
A hwn, pan wêl dy linell
Yn dod, gall ganfod ei gwell.

John Gwilym Jones (Penrhosgarnedd)

Chwithdod

Llydaw a dim llai ydoedd
y gŵr ei hun, ac yr oedd
ei wlad oll hyd waliau ei dŷ,
ei linach yn melynu.
Ac o lun i lun 'leni
yn ei iaith fain aeth â fi
i gerdded caeau gwyrddion
ei wlad, a chrwydro pob lôn.

Ond o Rennes i Ben y Byd
drwy afon, dros dir hefyd,
rhyw wlad mewn adeilad oedd,
a Llydaw ar goll ydoedd.

Meirion MacIntyre Huws (Waunfawr)

Chwithdod

Ddoe yn awr a ddaw yn ôl,
Oriau dysg ar iard ysgol;
Dal sigarét yn llet'with,
Dal ei chôt â dwy law chwith.
Dyddiau diniwed oeddynt —
Un eiliad o gariad gynt.

A heno mewn aduniad
Awr o win a geiriau rhad.
Dal sigarét yn llet'with,
Perlau'n chwarae'n ei llaw chwith.
Safwn yn nerfus hefyd
Ym maglau'r geiriau i gyd.

Gwenallt Llwyd Ifan (Dinbych)

Plentyndod

Lliw a haul oedd ym mhob llun
A hwyl ar dywod melyn,
Môr o chwerthin, cregina
A rhoi gwên trwy hufen iâ;
Rhyw res hir o fwrw'r Sul
Oedd ei albwm ddihelbul.

Ond i'w gof, mewn du a gwyn,
Un hirlwm oedd y darlun,
Y nos o fagu cleisiau
Gwg a dwrn a rhegi dau,
Gwenau gŵyl yn gregin gwag
A'i garu'n gornet gorwag.

Nia Powell (Manion o'r Mynydd)

Plentyndod
(Yn ddiweddar agorwyd gardd goffa yn Dunblane)

Hedd gardd oedd i 'nyddiau gynt,
Dyddiau'r blodeuo oeddynt
Yn fêl o ddiofalon;
Ni ddeuai ing i hedd hon,
Na rhaib rhyw ddifyrion rhwydd
I odro'n diniweidrwydd,
Na gwaniad o un gynnen,
Na llaw brad am ddryll o bren.

  *   *   *   *

Mae gardd, er mor hardd yw hi,
Na ddaw hedd yn hawdd iddi;
Plentyndod ydyw'r blodau
A phoen sy'n gwlitho'r coffáu.

Gwen Edwards (Penllyn)

135

Dau

Nos ddu sy'n lapio'r buarth
A dau gi yng Nghoed y Garth,
Dau heno'n swrth heb dennyn
A'u pen ar bawen, bob un;
Y ddau mor ufudd o hyd,
Pâr a ddofai'r praidd hefyd.

Ond daw gwŷs, daw blys y blaidd
I herio'r mwynder gwaraidd,
Hen flys am waed a'i flasu
Ar y dant, a'r pleser du
O hela gyda'i gilydd;
Dau leiddiad cyn toriad dydd.

Nia Powell (Manion o'r Mynydd)

Olion

Agor drws ar gwr y dre'n
Unig eilwaith, rhoi'r gole,
Heb ddirnad 'r anghredadwy,
A gofyn 'pam?', gofyn 'pwy?'
Cydio'n dynn mewn tún dal te
A wagwyd o'i geinioge;
A'i deimlo Fo hefo hi,
Ei watwar o'r graffiti,
Yn chwilio, yn dychwelyd,
Yn bodio'i heiddo o hyd.
Ei ôl oediog yn hogi'i
Grafangau'n ei hofnau hi.

Marc Lloyd Jones (Yr Awyr Iach)

Llais

Ynom, fel angor inni,
ynom nawr, y mae i ni
alaw neu air nas clyw neb,
yr un sydd dan yr wyneb.
Nid llais afon mohono
a geir ar ras dros y gro;
hwn yw'r llais fel dyfnder llyn
o waddol hen ein gwreiddyn,
y cêl lais nad oes a'i clyw;
hyd fy ngwarineb ydyw.

Dewi Wyn (Bro Cernyw)

Llais

Gwelwn mewn llawer galwad
Yn y nos, pan ffoniai 'nhad,
Fod yntau'n y geiriau i gyd,
Dôi yn dad yn y dwedyd.

Dôi yn anadl, dôi'n wyneb,
Dôi'n eiliad o lygad wleb;
Dod â'i wên, a'i godiad ael,
A gefyn ei law'n gafael;
Dôi yn gariad, yn gerydd
Trugarog dan rychiog rudd.

Nid geiriau oer glywn ond gwres
Ei enaid lond ei fynwes.

John Gwilym Jones (Penrhosgarnedd)

Ofn

(Plentyn sy'n cael ei guro)

Mae'n hwyr, a minnau'n aros
Yn llawn ofn yng nghell y nos;
Yna — ei gam yn y gwyll
Yn dawel i'm llofft dywyll;
Y fi'n egwan, fo'n agos,
Yn llenwi corneli'r nos;
Yna gwanc ei lid a gaf,
A'i ddyrnau fel gordd arnaf.
Ond ei lais sy'n fy nghleisio;
Yn fy mhen, brifo mae o —
Drwy'r wylo wedi'r alwad;
Ofnau y nos yw fy nhad.

Marc Lloyd Jones (Yr Awyr Iach)

Meini

(I Emyr Davies, Pen-rhiw, Ffostrasol, y bedwaredd genhedlaeth o seiri maen yn y teulu)

Ym Mhen-rhiw mae'r meini'n rhes,
Y meini trwm o hanes
Sy'n goffâd i'w dad ei hun,
I'w hendaid a'i daid wedyn,
A deil pedwar i daro
Ar y cŷn sy'n hŷn na'r co'
I naddu'r ddiwinyddiaeth,
Naddu ffydd yn gelfydd gaeth,
Naddu iaith, caregwaith cred
Y mynor i'r gymuned,
A'i naddu, naddu i ni
Â'r min sy'n treiglo'r meini.

Idris Reynolds (Crannog)

Meini

(Pompeii wedi ffrwydrad Vesuvius yn 79 AD)

Yn y cwm rhyw grafanc oedd
Yn rhofio y canrifoedd
I un bedd. Ond yno'n bod
Mae dwndwr mewn mudandod
Yn y llwch ar hyd y llain
O lafa yn wylofain.
Heddiw'n cur sydd yno'n cau
Am ludw o deimladau,
A pheswch ola'r ffosil
Yn ddalen o hen, hen hil
Mewn cist yn y meini caeth
O'r eiliad cyn marwolaeth.

Geraint Roberts (Bro Myrddin)

Cyllell Boced

(Cywydd coffa i gyllell boced a gefais yn anrheg gan ewyrth ac a luchiwyd yn ddamweiniol i lyn yn Llydaw gan Ifan 25 mlynedd yn ddiweddarach)

Mae'r gyllell? Mawr y golled
Un haf yn Llydaw. Ehed
Ataf o'r merddwr eto
I sgriniau cilfachau'r co'
Am ennyd. Llama unwaith
O'r dŵr a mentra ar daith
Hir yn awr i Gymru'n ôl —
Ti ryw waddod derwyddol.

Oeddit ddameg o degan,
Yn gledd, yn sgalpelau glân
A dau awch dy frath di-ail
Yn loyw mewn tal wiail,
Yn antur yn llaw plentyn,
Hwylustod mewn dwylo dyn.

Oer fy nhrysor a'i stori,
Oer y llafn yn seler lli.
Telyneg o anrheg oedd,
Edau o'r tylwyth ydoedd.
Un â'i charn a phob darn dur
O werth Caledfwlch Arthur.

Twm Prys Jones (Caernarfon)

Côt

Os ydwyf yn drwsiadus
a gwawr o wên i mi'n grys
fe hiraethaf am frethyn
fy nghôt dlotaf harddaf un.
Y gôt fu'n gyfaill gyhyd,
o oglau'r dafarn fyglyd
i sidan y gusan gudd,
o'r wên i'r goflaid drennydd,
o'r rhedyn i'r briodas,
yn dŷ, yn wely, yn was.
Y gôt fu'n gweiddi 'I'r gad',
yn Brifwyl ac yn brofiad,
yn wead o'r ddafad ddu,
yn hen, ond uchlaw hynny
yn seintwar i ddau gariad
rhag tywydd lonydd y wlad.
Ei dwyn oedd dwyn hanes dau,
a'i dwyn oedd fy nwyn innau.

Meirion MacIntyre Huws (Waunfawr)

Pentymor

Daeth diwedd oes i'w oes o
Yn llesg mewn stafell wisgo;
Dwy esgid a ddadwisgai,
Dwy lwyd a glymwyd am glai.
Yn ei flinder, fel lindys
Yn taenu'i groen, tynnai grys
Ei hen ddoe ffug-addawol
Cyn dyddiau'r gemau di-gôl.

Ni chlyw anferth ryferthwy
O lofftydd y meysydd mwy;
Daeth bywyd rhemp, daeth byd rhad
I ben mewn un chwibaniad.

John Gwilym Jones (Penrhosgarnedd)

Elusen

(Adeg etholiad)

Wrth gerdded ffordd y gwledydd
Gwelais hon; ei gwely sydd
Ar daen yn y stryd union.
Dal ei het mae'r genedl hon;
Egyr er dy geiniogau
Ei llaw hi cyn it bellhau.
Gwlad y cydymdeimlad yw,
A gwlad ar faglau ydyw;
Ni fyn rodio ei hunan,
Ai grym hi yw dagrau mân.
Rho i hon dy drueni,
Neu rho dinc dy watwar di.

Robat Powel (Cwm Tawe)

Ffalt

Er ymbil amser silwair
ac er i'r rôg roi ei air,
gwn y bydd fy hogyn bach
am gynnwrf ffalt amgenach
na'i degan pren diogel.
Mwya'r paid — mwya'r apêl.
Un esgus a daw'r rasgal
i roi ei ên ar y wal;
ei fyd o, bod efo'i dad;
er ei fynych erfyniad —
'Dad! — a fi!', gadawaf o,
ond ni wêl dad yn wylo.

Tegwyn Jones (Bro Ddyfi)

Er Cof am Jim Evans
(Gofalwr Brondeifi a fu farw ar 1 Mawrth 1998)

Mae'r Festri'n gymen heno,
Y tro hwn fel roedd bob tro,
A rhoes pawb o'i amser sbâr
I'n gwresogi'n groesawgar.
Ond noswaith ddiffaith yw hon,
Un-yn-eisiau o noson.

Ni welwn ei deip eilwaith,
Un â dawn i weld ei waith,
I weled, drymed y rhain,
Y beichus bethau bychain.
Mae'n wag, cans collasom ni
Ei law ddiwyd, Ŵyl Ddewi.

Idris Reynolds (Crannog)

Parc

Y mae'n nos yma'n iasau'r
Mwg glas, hir a'r mwclis aur,
A'u mydr hyd wydr du
Y fflagon. Wedi'i phlygu
I drans ei gwag rythu draw,
Yn hen, mae geneth ddeunaw.
Rhychau'i briw ar freichiau brau
Fu'n dioddef nodwyddau.
Chwarae'r siglen wna'i henaid,
A'i byw yn sglefren ddi-baid.
Fin haf, mae'n hydref fan hyn;
Ysgafn yw'r dail wrth ddisgyn.

Gareth Williams (Y Tir Mawr)

Parc

Pan fo'r cadno'n aflonydd
a'r gwynt yn cystwyo'r gwŷdd,
a synau'r cyfnos anial
yn codi gwenci o'i gwâl,
moeli wna clustiau Malen
a lluniau'i ffau'n llenwi'i phen.
Hithau, gan ffroeni'r noethwynt
yn sgota'r goetiar o'r gwynt.
Daw o'r hengae yn drwyngoch,
o'r pîn a'i gewin yn goch
a llithro'n ôl i gôl Gwen,
o faes gwae am fisgïen.

Gwynfor ab Ifor (Tregarth)

Parc

Hwn yw maes hen fy ngeni,
Hwn yw maes y frwydr i mi.
Maes mympwyol ei olud
A maes yr adfeilion mud.
Uniaith oedd ei derfynau —
Hynod oedd iaith medi a hau
Ein doe. Ym mhoethder y dydd
Y *nhw* yw'r hwsmyn newydd
Â'u cibau. Ein parc gobaith
Yw maes y canrifoedd maith
A gwe holl lwybrau'n gaeaf
O hyd dan sbwriel eu haf.

Twm Prys Jones (Caernarfon)

Llawenydd

(Rysait)

Pwys o amarch ac archoll
O ganrif i ganrif goll,
Deubwys o does ein hoes ni,
A'i roi heb ei ddadrewi
Yn ffwrnes dy ofn ffyrnig
Yn fore a'r stôf ar wres dig,
Tra gwrandewi gyfri gwarth
Enbyd ar enbyd ranbarth.

Am bedwar, arlwya'r wledd —
Gwawr felys y gorfoledd,
A'r wledd, mwynha gyda gwin
Ar fyrddau Sir Gaerfyrddin.

John Gwilym Jones (Penrhosgarnedd)

Dyletswydd

*(Merch fach, yng nghwmni'i thad, yn rhoi
blodau ar fedd ei hen dad-cu)*

Â dwy law'n grud o liwiau
un ennyd wâr, down ein dau
gydag enfys o dusw
ond â deigryn arnyn nhw,
gan eu rhoi â gwên o wres,
yn garwriaeth gorwyres.

Pan na fyddaf, a fyddi
yn dod â dy flodau di?
Neu ai'r rhain yng ngwres yr haf
yw dwylo'r blodau olaf,
ac o raid uwchben y gro'n
ddwy law a ddeil i wywo?

Dylan Jones (Y Taeogion)

Dyletswydd

Roedd ein galar yn garraid,
Tri ar ôl yn troi o raid
Ar draws gwlad mewn dillad du
At elor un o'r teulu;
Un nad oedd ar hyd y daith
Ond enw, welwyd unwaith.

Mewn ennyd ddwys ar bwys bedd
Ail-luniwyd trigain mlynedd,
Y blynyddoedd nad oeddynt,
Diddymder y gwacter gynt,
Y gwacter yn y gweryd,
Gwacter oedd gefnder i gyd.

Idris Reynolds (Crannog)

Unrhyw Swydd

Nid i hyn y dihunais —
i lenwi gwanc ffurflen gais:
dihuno i geisio gwaith.

Mae'n hurt, yn wir, mae'n artaith:
o ddeg i ddeuddeg tan ddau,
pori mewn rhyw bapurau.

Ac i beth? Mae gobeithion
(a ffydd mewn llythyr neu ffôn)
y di-waith fel gobaith gwag.

Heb waith, beunydd, beth bynnag
a lanwaf mewn ffurflenni,
o fore i fore, fu,
fy swydd yn ceisio swyddi.

Dyma waith o hyd i mi.

Tudur Rhys Hallam (Rhydaman)

Hen Dre

(Yn gofyn am ei chadw'n Gymraes yn hytrach nag
yn gyfieithiad o dref yn Lloegr)

Ydw, dwi'n hyll a dwi'n hen,
mi dyngaf 'mod i angen
gwisg fel pluen o dena'
a het o raff at yr ha',
colur i'm strydoedd culion
a phaent dros fy nghytiau ffôn.

Ond dwi'm angen trueni,
na chweigian-chwiw gynnoch chi,
na'ch gwaith candi-fflós dros dro,
na lonydd wedi eu sgleinio —
cadwch eich dillad codog
a'ch blodau a'ch creiriau crog.

Tydwi'm rhy hen i wenu,
hogan wyf sy'm digon hy
a mynnu ffafr am unwaith,
er gofyn, gofyn sawl gwaith,
i hen wraig gael byw yn rhydd
eleni — ga i lonydd?

Meirion MacIntyre Huws (Waunfawr)

Y Golled

Mor ffel oedd y benfelen —
Pen o gyrls, heb boen, a'i gwên
Yn hwb, yn gam ac yn naid,
Yn neges yn ei llygaid.

Un eiliad, ac fe'i daliodd
A'i rhoi ar ei lin yn rhodd,
Yna un wefr o fwynhad
Â'i nawmlwydd dan ei deimlad,
Hithau'n swp a rythai'n syn,
Ei hathro yn ddieithryn.

Mor ddel ydyw'r benfelen
O hyd, ac eto mor hen.

Nia Powell (Manion o'r Mynydd)

Cynefin

Mae 'na gar ger Min y Gwynt
yn oedi; pobl tref ydynt;
y radio'n boddi trydar
ehedydd cudd, drysau'r car
yn clecian, a chwiban chwil
rhyw Rambo'n dod o grombil
Sierra; eu trysorau
yn y gwynt wrthi yn gwau
patrwm hyd y cwm, a'u ci
yn annos am gwmpeini.

Gartref yn eu cynefin,
yn eu tref, byddant yn trin,
'Siomedig yw glesni gwlad
a'i herwau digymeriad;
y wlad rhy dawel ydyw,
y wlad gwsg rhy wledig yw.'

Tegwyn Jones (Bro Ddyfi)

Cynefin

Mae'r man rhwng môr a mynydd
I fi'n nef ers gwawr fy nydd.
Dysgais odro'r tymhorau,
A'r hen wers o drin a hau.
Mynnais gael rhodio'r mynydd
Efo 'nhad cyn toriad dydd;
Rhoi i'r praidd o'm horiau prin
Ac aros 'mysg y werin.

Yma ceir swyn a rhamant
O weld nyth, neu glywed nant
Gyda'i bwrlwm mewn cwm cudd,
A gwau'n ddiog drwy'r gweunydd
Cyn cyrraedd cwyn y cerrynt —
Llifo'n ôl ei hoesol hynt
O'i hanfod, ar daith enfawr
I gist trysor y môr mawr.

Emyr Jones (Tan-y-groes)

Cynefin

Lle mae'r tarmac yn graciau
a sŵn cwch fel drws yn cau
yn rhywle, lle mae'r wylan
fudur â chur yn ei chân
'wastad, a'r tai yn ddistaw,
ac oglau hallt ar y glaw,
lle mae'r gaeaf yn trafod
fy hynt a'r hyn sydd i fod.

Lle mae cychod y tlodion
yn dweud eu dweud wrth y don
a dwy awr rhyngof a'r dydd,
dwyawr a hithau'n dywydd,
mae'n flêr, a does 'run seren
heno i mi uwch fy mhen;
rwy'n geiban, ond rwy'n gwybod
mai yma wyf inna i fod.

Meirion MacIntyre Huws (Waunfawr)

Llongyfarchiadau

(I drefnwyr y Chwaraeon Olympaidd yn Atlanta. Cyn yr ŵyl bu 50 tancer yn chwistrellu asid dros y digartref er mwyn clirio'r strydoedd rhag llygad y byd)

Yn ffair y cymalau ffit
gwae'r hobo garw'i habit,
gwae'r diotwael gardotyn
yn ei fyd ynfyd ei hun
a gwae'r digartref a'r gwan
draw yng ngwlad yr ongl lydan.

Mae'r ŵyl, medd y camerâu,
yn dalent a medalau;
mae yno sŵn clapio clir
ar gaeau baner gywir
ac mae palmant Atlanta
yn llawn hwyl ac yn llawn ha'.

Myrddin ap Dafydd (Nantconwy)

Pleser

I gytgan côr y gwanwyn
Roedd lliw yn blaendarddu llwyn,
A chrwt wrthi'n bachu'r wedd
Golurwyd yn ddisgleirwedd;
Haul ar ffrwyn Fflwar a Phrins
Yn eu drama o drimins.
Cofiai gwys, dyfngwys ei dad,
A gyrrodd ei agoriad
Gan gymell llinell union
Yn friw dros esgair y fron.

Daw'r hen wefr ar dro'n ei hôl
A'i ddoe'n gwrthod ymddeol.

Medwyn Jones (Aber Clwyd)

Golygfa

(Dyffryn Clwyd o Fwlch Pen Baras)

Ei harddwch sy'n fy nghorddi,
fy nychryn mae 'nyffryn i.
Darlun o'r gelyn a gaf,
yn ei heulwen fe wylaf.
Yn nhir hwn fe welaf dranc
ein hynafiaid yn ifanc
yn ymladd gelyn amlwg —
yn y drin hawdd gweld y drwg.

Nid oes ffin rhwng byddinoedd
ar y waun fel ag yr oedd.
Mae'r gad yn anweladwy,
yn ein mysg mae'r gelyn mwy.

John Glyn Jones (Dinbych)

Enwogrwydd
(Y Milwr Dienw)

Dienw yw dy wyneb,
A dyn wyt nad yw yn neb.
I fyd, mae'n anghofiedig
Hyn o gorff a wnaed yn gig,
Ond dy faen yw'r holl feini
A phob enw, d'enw di.

Penyd mud pob mam ydwyt
A hiraeth pob hiraeth wyt.
Mae yna gant mewn un gŵr
A miloedd mewn un milwr.
Ti yw lled y golled gynt,
Enw pob un ohonynt.

Alun Jones (Llandysul)

Gweddi

Yma'n eiddgar rwy'n aros
Am un, un i lanw'r nos,
Un fach neu un grebachlyd
Neu'i rownd gyfesur â'i hyd;
Ladi gyhyrog lydan
Neu foel braidd, denau fel brân;
Hen garpan frau o gorpws
Neu lipren sâl, prin ei sws.
Ni thâl, *alas,* un lasoed
A minnau'n wan ac mewn oed;
Rho im jyst un fun yn fêt —
Cwyd ysbryd hen lanc despret!

Ifan Roberts (Y Dwrlyn)

Cymdogaeth

Rhan o gymdogaeth gryno
Fu 'more oes yn fy mro.
Fin nos anodd cyfiawnhau
Un rheswm dros gloi'r drysau,
A byddin o werinos
Yn glawdd am gymdeithas glòs.

Ond i'r ardd drwy'r bylchau drud
Heriodd rhyw chwyn fy ngweryd.
Cymdogaeth bron dicllonni
Mwyach, ehangach yw hi.
Ym mro'r sen y Cymry sydd
Yn gwlwm gyda'i gilydd.

Dai Rees Davies (Ffostrasol)

Gwawr

Yn drist mae ysbryd yr Ŵyl
Wedi'i wasgu i'r disgwyl.
Yn y drol mae'r nwyddau'n drwm:
Fe lenwyd dwy fileniwm.
Awn, talwn nawdd til y nos,
Mae Herod yn ymaros.
Rhannwn wyrth ei seren O
A herciwn drwy'r maes parcio;
Awr o wario, a hwyrach
Rhown y byd 'nôl i'r un bach.

Gwenallt Ifan (Dinbych)

Pentref

*(sef pentref Karasjok yng Ngogledd Norwy,
a ddinistriwyd yn llwyr gan yr Almaenwyr
ar ddiwedd yr Ail Ryfel Byd, heblaw am
yr eglwys.)*

Eira hyd yr eira'n drwch,
Un adeilad a welwch,
Lle bu pentref yn sefyll
Yno gynt yng ngolau'r gwyll.

Eira'n llosg, y pentre'n llwch,
Hen ddialedd a welwch,
A'r gymuned gyffredin
Wedi ffoi i wlad y ffin.

Ni saif ond yr eglwys hon
Yn olau i'r trigolion,
A chlywch sain ei chloch swynol
Yn eu galw nhw yn ôl.

Emyr Davies (Y Taeogion)

Olion

Gweled tŷ yw golud dau
a'r prynhawn yn llawn lluniau.
Eu hafan hwyr sy fan hyn,
y gorwel yw'r magwyryn;
ei libart drônt yn gartre,
y sail oer yn blas o le.

Yn y gwair uwch Cefngarrog,
ar fron rwydd ar gyrion rhos,
o war mawn yr erwau maith
yr oedd hwn fel gardd unwaith.
Aelwyd aur a blodau hud
yw buarth dechrau bywyd.

Eirwyn Williams (Llanbed)

Ras

'Ty'd, Taid — cynta' at y tŷ!'
Yn dinwyllt, mae'n melltennu
yn felin wynt o'i flaen o
a gobaith drwyddo'n gwibio.
A thaid, wrth borthi'i hyder
yn gwag-gamu i hybu'i her,
yn ara' deg dactegol,
a'i ddilyn wna, gan ddal 'nôl.

Ddoe oedd hyn — rhyw ddiwedd haf
a'i haul, a'u sialens olaf
yn sbort; ond ar gwrs y byd,
heddiw sy'n goddiweddyd.

Myrddin ap Dafydd (Nantconwy)

Ofn

Daw y gwynt fel bidog iâ
Ag arogl miniog eira
Ar fin yr hwyr o'r dwyrain,
A'r dref fel ar bigau'r drain
Yn disgwyl trawiad ysgafn
Cyntaf a llymaf y llafn.
Disgwyl a disgwyl o dan
Awyr lwyd sy'n rhy lydan,
Rhy lwyd am rai eiliadau,
Nes daw'r nos a'i dwrn i hau'n
Ara' deg yr hadau iâ
A hedd cynddaredd eira.

Emyr Lewis (Cwm Tawe)

Darlun

Coffáu ein dyddiau diddos
Wna dy lun, fy ngeneth dlos;
Y dyddiau gorau i gyd,
Ein dyddiau o ddedwyddyd,
A neb bryd hynny'n gwybod
Am ddrycinoedd oedd i ddod.

Hwn yw llun ein llawenydd,
Hwn yw darn o'n 'slawer dydd',
Hwn yw rhan o'r tymor haf
Sy'n gwau drwy ias ein gaeaf,
Hwn yw haen o'n gorffennol,
Hwn yw'n ddoe ni na ddaw'n ôl.

Hen alaeth roes haen felen
Ar y llun, gan dynnu'r llen
A'r llwyfan ar ei hanner.
Yno'n fud ca'dd einioes fer
Ei herlid, ac mewn darlun
Yn fyw nawr y mae fan hyn.

Dai Rees Davies (Ffostrasol)

Amheuon

Roedd gen i ardd, gardd gain gynt,
Na laddai'r un gogleddwynt,
A diniwed o newydd
Ei phâm o dan lysiau'i ffydd;
Lle bodlon, lle heb edliw
Yn wyneb dallineb lliw;
Pabell y wên oedd pob llwyn
A gonest fel y gwanwyn:
Cydymddiried, cydgredu
Hyd y fan yn flodau fu.

Ryw fore hyll, chwa o'r fron
A heuai ei amheuon:
Gwyfyn hedyn fu'n hedeg
Dan eiriau 'mhetalau teg,
Ac un ac un eginai
Yn dw' mall drwy gawod Mai.

Amau gwyllt nawr yma gaf,
A'i ffyniant yw 'Ngorffennaf.

John Gwilym Jones (Penrhosgarnedd)

Tawelwch

*(Wrth gerdded drwy strydoedd Paris yn gynnar yn
y bore i fynychu offeren gynta'r dydd
yn Eglwys Gadeiriol Notre Dame)*

Afon Seine yn fenyw swil
ac unig dan siôl gynnil
yn wylo brad cariadon
a dwyn y dail dan y don.

Hyd y dŵr mae gweddi'n darth,
yn ddiawel o ddiarth,
a'r pafin llawn cyfrinach
yma'n 'male'r bore bach.

Notre Dame yn sŵn camau
a'n ffydd trwy'i gilydd yn gwau;
â ninnau yn penlinio,
yn Gymraeg mae'i eiriau O.

Dafydd Pritchard (Y Cŵps)

Limrigau

Rwy'n poeni am ddydd 'r atgyfodiad,
Oes 'na rywun sy'n gwrando â syniad —
   Heb handl na chlo
   A chwe throedfedd o ro
Sut fyth fedra i agor y caead?

Hedd Bleddyn (Bro Ddyfi)

Ar ganol y sgwâr ym Mhorthaethwy
Gollyngodd hen wylan o Gonwy
   Ei baw yn ddi-feth
   Ar ddalen bil treth
I'r Cyngor gael rhywbeth dyladwy.

Edgar Parry Williams (Manion o'r Mynydd)

Er bod ar ei lygaid gryn nam
Nid dyna y rheswm medd Sam
   Wrth iddo egluro
   O flaen y pâm tato
Fod y rhychau yn hirach yn gam.

Wyn James (Crannog)

Wrth rannu fy math gyda Wini
Fe fachais y plwg gyda 'nhroed i.
   Aeth hi gyda'r dŵr
   A nawr mae ei gŵr
Yn chwilio ymhobman amdani.

Hedd Bleddyn (Bro Ddyfi)

Mae'n dda fod 'na fôr rownd y glanna
O Gasnewydd i draeth Dinas Dinlla,
   A môr rownd Sir Fôn,
   Ond waeth heb â sôn,
Be' sy'i angen yw môr dros Glawdd Offa.

Dafydd Iwan (Waunfawr)

Nid oeddwn i unwaith yn perthyn
I Wil, os oedd rhywun yn gofyn,
   Ond ers dod i fri
   Ar sgrîn Es Ffôr Si
Mae'n perthyn i mi'n agos goblyn!

Carroll Hughes (Bro Dysynni)

Achubais i fywyd un Meuryn
Drwy nodi'n garedig wrth gychwyn
   Mai'r craffach na'r craff
   Sy'n dianc yn saff
O dalwrn yng Ngwesty yr Emlyn.

Wyn James (Crannog)

Mae cic gyda Jon fel cic asyn
Ac Emyr heb fest sy'n creu dychryn,
   A Ken, credwch fi,
   Sydd dros *'six foot three'* —
Pa daldra ŷch chi, Mr Meuryn?

Arwel Jones (Tan-y-groes)

Pan oeddwn ar wyliau eleni
Arhosais mewn gwesty'n y Fali.
   Nid oedd drych i mi siafio
   Ond peth da 'mod i'n cofio
Yr wyneb golygus sy gen-i.

Gwynant Hughes (Aber Clwyd)

A wyddoch chi ymhle y mae Trefor?
Bu John Morris-Jones yma dymor.
   Does dim môr yn y lle
   Mwy na bom yn Bombay
Ond mae o yma waeth hynny na rhagor.

Isfron (Celtiaid Môn)

Ces alwad o'r 'sbyty ym Mangor:
'Dewch yma ddydd Llun i gael'ch agor.
   Dychwelwch ddydd Iau
   Er mwyn cael eich cau —
Mae'n bosib cewch wely a doctor.'

Ioan Roberts (Bro Alaw)

Pan oedd o ryw dro yn Killarney
Rhyw faglu fo'i hun a wnaeth Padi,
   A rhedodd bob cam
   I Corc at ei fam
I ofyn i honno ei godi.

Anita Gruffydd (Y Tir Mawr)

Roedd Wil yn Swyddog Pleidleisio
Ym mhentref bach Soar ger 'Berffro,
  Ac fe helpodd bob un
  Oedd braidd yn ddi-lun
Gan fotio ei hun yn ei le o.

Isfron (Celtiaid Môn)

Fe brynodd Matilda fwyd byji
Yn lle'r bwyd arferol i'r babi,
  A wyddoch chi be?
  Aeth dim byd o'i le,
Ond nawr wrth ei dad mae'n dweud 'Jo-i'.

Lloyd Evans (Bro Tryweryn)

Trafodwyd mewn pwyllgor ym Miwla
Y dulliau o ddathlu milenia,
  A phasiwyd yn unol
  I ddewis ailethol
Y bobol fu wrthi'r tro dwetha.

Wyn James (Crannog)

Mewn sioe draw yn Hey on Wye
Roedd gast Dei yn gwrthod cym bai.
  'Rho blwm dan glust dde,'
  Gwaeddodd Dic. 'Hefo be?'
'Twelf bôr fydde'r gore i Fflai.'

R. D. Owen (Llansannan)

Ar ganol y draffordd roedd lori
Yn deilchion, a'i chefn wedi torri.
   Daeth y glas i fusnesu
   Ac ar ôl ei hasesu
Mi welwyd mai draenog aeth drosti.

Moi Parri (Tegeingl)

'Rwy'n gwybod paham,' meddai Gwenno
'Bod carped ein toiled ni'n gwynto.
   Mae system y gŵr
   Fel peipiau'r Bwrdd Dŵr,
Mwy'n colli, 'dwi'n siŵr, nag mae'n iwsio.'

Edgar Parry Williams (Manion o'r Mynydd)

Rhoed hawl i ryw ŵr o Fethesda
I fagu draenogod i'w bwyta,
   Ond chware teg nawr,
   Gall greu problem fawr
I'r ffatri gwneud condoms drws nesa.

Huw Erith (Y Tir Mawr)

Cafodd ynad o ardal Llanfaethlu
Ei stopio am yfed a gyrru.
   Ben bore dydd Llun
   Roedd o'i flaen ef ei hun —
A'r ddedfryd? Carcharwyd yr heddlu.

John Glyn Jones (Dinbych)

Roedd dyn bach yn byw yn Llandwrog
Wnaeth ffortiwn a mynd yn gyfoethog
   Heb wneud *'bugger all'*
   Ond eistedd yn ôl
A barnu beirdd ffôl yn fawreddog.

Edgar Parry Williams (Manion o'r Mynydd)

Mae *'reading'* yn union fel *'Reading'*
Ond 'di *'weeding'* ddim cweit fatha *'wedding'*,
   Mae *'lead'* fatha *'lead'*
   Ond 'di *'dead'* ddim fel *'deed'*,
A mae'n nhw'n deud mai *ni* sy'n conffiwsing!

Caryl Parry Jones (Y Taeogion)

Aeth beirdd Tan-y-groes a Ffostrasol
Fel uned i ornest dalyrnol;
   Ac wedi peth dadlau
   Fe unwyd eu henwau
A'u galw yn dîm Tanyrasol.

Arwel Jones (Tan-y-groes)

Rhoir prawf gan rhyw 'broff' sydd yn gwybod
I weld faint mae'r gweiniaid yn wybod,
   A chael ei atgoffa
   Mewn ateb go dila
O'r hyn y mae eisoes yn wybod.

Owen James (Crannog)

Ers talwm disgwylid 'byhafio',
O leiaf, nes ceid dyweddïo,
   Ond wir, erbyn hyn
   Maen nhw'n edrych yn syn
Os priodwch chi cyn y bedyddio.

Delyth Roberts (Llanefydd)

Mi fyddai yn weithred fendithiol
Pe buasai pob athro'n ymddeol
   I'r criw arolygwyr
   A'r holl ymgynghorwyr
Gael cyfle i redeg yr ysgol.

Owen James (Crannog)

Roedd Mari yn enwog drwy'r plwy'
Am ollwng rhyw un fach neu ddwy;
   Ond dwblodd ei strach
   Pan brynodd gi bach —
Roedd hwnnw yn llawnach o nwy.

Arwel Jones (Tan-y-groes)

Aeth Grwndi a Fflwffen a Pws
Yn swanc i glwb nos ar y bws,
   Ond cwrcwn y dre
   Fu'n drewi drwy'r lle —
Mae *Whiskas* yn sbwylio pob sws!

Mari George (Yr Awyr Iach)

Bob nos mae holl gathod y lle 'ma
Yn cynnal eu talwrn am oria'
  Ynghanol y stryd,
  A wir, dwi â 'mryd
Ar sbaddu'r un goch sy'n meuryna.

Emlyn Davies (Y Dwrlyn)

Fe deimlodd y dreifar ryw lwmp,
Roedd cwrci ar ganol sgwâr Plwmp
  Yn caru 'da pwsi
  Pan aeth dan y lori —
Ni chlywyd dim byd ond bwmp-bwmp.

Emyr Davies (Ffostrasol)

Pan oeddwn i'n mynd i Ros-lan
mi basiais i hen garafán,
  ac ar fy ffordd 'nôl
  mi basiais i stôl.
'Na'r tro olaf i *mi* fyta bran.

Geraint Lovgreen (Caernarfon)

Bu llawer o sôn yn ddiweddar
Am ddyn oedd hynod ddyfeisgar;
  Fe groesodd ei darw
  Â cheiliog bron marw —
Mae'n salw ond mae'n codi yn gynnar.

Eifion Daniels (Beca)

Mae bardd o Fro Alaw yn brolio
Mor fawr yw'r mowth-organ sydd ganddo.
  Does dim rhaid, medda fo,
   Iddo'i chadw dan glo —
Dim ond ei geg o mae hi'n ffitio.

Edgar Parry Williams (Manion o'r Mynydd)

Roedd pry genwair un tro wedi rhwymo
Nes ei fod o cyn stiffed â beiro,
  Wrth geisio gwneud dot
  Gwnaeth andros o flot,
A rŵan mae lot gwell nag oedd o!

Hedd Bleddyn (Bro Ddyfi)

Un noson dywedais wrth Gwenno,
' 'Na neis oedd tro cynta. 'Ti'n cofio?'
  Atebodd yn swta,
   ' 'Ti'n cofio tro d'wetha?
Bydd dawel ac yfa dy goco.'

Eirwyn Williams (Llanbed)

Ar fy ail fis mêl yn Niagra
Yr ydw i hefo'r wraig gynta',
  Ond fel y rhaeadr mawr
  Mae pob dim ar i lawr —
Dwi'n meddwl 'ra i chwilio am Viagra.

Huw Erith (Y Tir Mawr)

Cwpledi

Rhannu wna cecru annoeth,
Ein tynhau wna dadlau doeth.

Dafydd Wyn Jones (Bro Ddyfi)

Os yw brin ein doethineb
Ofer i ni farnu neb.

Dafydd Emrys (Bro Cernyw)

Can gwell fai'r dweud pe gellid
I un gair roi'r gân i gyd.

Rhys Dafis (Y Dwrlyn)

Daw o hyd gynigion doeth,
Ond rheiny sy'n dod drannoeth.

Dai Jones (Crannog)

Os dewch i aros dros dro,
Na oroeswch eich croeso.

Emyr Jones (Tan-y-groes)

Rhy rad yw'r Amhrisiadwy,
A dylem oll dalu mwy.

Alan Wyn Roberts (Bro Alaw)

Ar ôl dwyn ysgub o'r ŷd,
Deisyfaf y das hefyd.

Rheinallt Tŷ Ucha' (Nantconwy)

Yr hen ŵr glyw synau'r nos
A'r ieuanc gân yr eos.

Dafydd Wyn Jones (Bro Ddyfi)

Daw i fyd ei ofidiau
Pan fo'r nos yn agosáu.

Wynford Jones (Tan-y-groes)

Er mor eiddil yw chwilen
Yn ei phryd traidd faen a phren.

Dafydd Williams (Glannau Llyfni)

Boed i adar alaru,
Onid aur yw'r olew du?

Iwan Bryn Williams (Penllyn)

Yr hen werin, ni warient
Ar ryw rwysg cyn talu'r rhent.

Dafydd Wyn Jones (Bro Ddyfi)

Eli i falchder eilydd
Yw dweud: 'Daw, fe ddaw dy ddydd'.

Mererid Hopwood (Bro Myrddin)

Ofer yw rhoi calch ar frân
A hawlio'i bod yn wylan.

Berwyn Roberts (Dinbych)

Y ffin nas amddiffynnir,
Ni fydd honno yno'n hir.

Menna Jones (Llanefydd)

Edau fain ar ffin dau fyd
Yw byw heb rwydi bywyd.

Berwyn Roberts (Dinbych)

Hawdd i wlad heb ddiadell
Weld bai ar lewod o bell.

John Tŷ Ucha' (Nantconwy)

'Dolig gwag yw'r 'Dolig heb
Yr Iesu yn ei breseb.

Jon Meirion Jones (Tan-y-groes)

Nid yw'r cof yn medru cau
Y drws ar waed yr oesau.

Wyn James (Crannog)

Y mae melysach drachtiau
Yn y cefn 'rôl amser cau.

Ceri Wyn Jones (Y Taeogion)

A fo hael efo'i foliant
A'i wledd o wên, gwyliai'i ddant.

Dafydd Wyn Jones (Bro Ddyfi)

Fynychaf, ni wêl rhiant
O ble y daw castiau'i blant.

Ifan Roberts (Y Dwrlyn)

Ar awr wag lle bynnag boch
Satan a glosia atoch.

Emyr Jones (Tan-y-groes)

Rhwygais aml i bregeth:
Nid eu rhoi — eu byw sy'n dreth.

John Gwilym Jones (Penrhosgarnedd)

Mae pob wyneb o'n mebyd
Yn fyw yn ein cof o hyd.

Dafydd Williams (Glannau Llyfni)

Daw yr oed na wêl y drych
Y fenyw lawn mor fynych.

Dai Jones (Crannog)

Nid yw'r hyn a ddengys drych
Yn nodi yr hyn ydych.

Iwan Bryn James (Y Cŵps)

Anodd gan ddyn yn fynych
Ddwyn i gof newyddion gwych.

Dai Jones (Ffair-rhos)

Yn y sêr mae naws hiraeth,
Gwawl ŷnt o'r golau a aeth.

Islwyn Walters (Llanbed)

Dan y sêr does sain berach
Na hwian y baban bach.

Mallt Anderson (Parc y Rhath)

O'r holl sêr bydd Un seren
Yn bod pan ddaw'r byd i ben.

Griff Williams (Rhydaman)

Un â'i wg, heb wên i neb,
Yw Ionawr â'i ddau wyneb.

Wyn Roberts (Y Tir Mawr)

Mynd o un dydd Llun i'r llall,
Aeth yn siŵr wythnos arall.

Wyn Owens (Beca)

Hongian ar hoel efengyl
Y saint mae'n dillad dydd Sul.

Eirwyn Williams (Llanbed)

I'r India'r Mahatma oedd
Yn filwr diryfeloedd.

Alun Jenkins (Ffair-rhos)

Nid oedd yn angladd Adda
Fawr o ddim na nifer dda.

John Glyn Jones (Dinbych)

Ar Ararat ces atal
d . . . deud ac mae 'di d . . . dal.

Dylan Jones (Y Taeogion)

Fe honnaf mai'r bêl fonws
Yw'r bai 'mod i ar y bŵs.

Gwen Jones (Merched y Wawr Dyfed)

I mi rhyw erchi gorchest
Yw dwy lein ar yr odl 'est'.

Ifan Prys Jones (Caernarfon)

Â'i phensil canmil canmarc
Ni wn i Maud fethu un marc.

John Gwilym Jones (Penrhosgarnedd)

Ym Môn, mae pobl onest
Yn byw — rhai megis Keith Best.

Arwyn Roberts (Bro Alaw)

Lle am liw haul ar ddeulwmp
Yw Sbaen, yn blaen ac yn blwmp.

John Glyn Jones (Dinbych)

Peintar blin a'i din yn damp,
Blew ei aeliau mewn blowlamp.

Huw Erith (Y Tir Mawr)

Englynion

Ar ôl ciwio'n wirion hir i arwyddo,
    Beth rodda' i'n gywir?
Ni wn ond ei henw: 'I'r
Diana nid adwaenir'.

Emyr Davies (Y Taeogion)

Un noson orwyllt, dreisiol — fu noson
    Yr Efnysien gwreiddiol
Yn ein mysg, ond y mae ôl
Y noson yn oes-oesol.

Idris Reynolds (Crannog)

O achos maint ein trachwant — ni welwn
    Trwy olud y palmant
Y gwan eu ple'n geni plant
I fedydd o ddifodiant.

Gwilym Fychan (Bro Ddyfi)

Er i'r glaw iro'r gleien, — er i'r haul
    Roi'i wres i'r dywarchen,
Ni ddaw'r ŷd o ddaear hen
Y Cwm, heb ddwylo cymen.

Emyr Jones (Tan-y-groes)

Er i mi araf drymhau — o'i gweled
  yn gwelwi gan angau,
  un gair, a'i llygaid ar gau,
  a'i galwodd nôl i'r golau.

Ifor ap Glyn (Criw'r Ship)

Gwelais y wennol olaf — yn gadael
  Ac wedyn yn araf
  Drwy'r iet daeth hydre' ataf
  A thua thre' aeth yr haf.

Eirwyn Williams (Llanbed)

Dywedodd iâr tra'n dodwy — 'Onid yw
  yn dasg anghredadwy,
  im orfod ei dreiglo drwy
  fynediad bach ofnadwy.'

Dafydd Emrys (Bro Cernyw)

Y tu ôl i bob teulu — mae hanes
  Am un fu'n troseddu,
  Ac mae had y ddafad ddu
  Yn hawdd i'w etifeddu.

John Glyn Jones (Dinbych)

Cyn bod yr haul yn codi — ar Walia,
  I'r heulwen gael toddi
  Y rhew hen ar ei gwar hi,
  Awn i estyn siôl drosti.

Emyr Davies (Ffostrasol)

Dad y Cariad, clyw yn curo — un llwfr
  A llesg, wyt Ti'n gwrando?
Yn swil rwy'n ymbil, ond O!
Does neb yn ateb eto.

Mererid Hopwood (Bro Myrddin)

Yn wydrog ym Mhorth Madryn — yn y môr
  Roedd grym hiraeth, ronyn,
Ac yna troes bachgennyn,
A gweld y lle fel gwlad Llŷn.

Huw Erith (Y Tir Mawr)

Heno mae arswyd ynof — mai hedfan
  Wna'r hunan ohonof,
Y daw'r nos â'i niwl drosof
A'r corff yn alltudio'r cof.

Nia Powell (Manion o'r Mynydd)

Yn flin, wedi'u holl flewynna ofer
  daw'r defaid i'r borfa
orau ar Fryn Calfaria
a'i weld ef, y Bugail Da.

T. Arfon Williams (Caernarfon)

Pan roddir i wir ei werth — yn ein byd
  Fe fydd byw yn brydferth
Inni oll, a Duw'n ei nerth
Yn ein hybu'n ein haberth.

Owen Huw Roberts (Celtiaid Môn)

O gladdfeydd unnos Bosnia — i dai oer
   Cwrdistan y difa,
 Ni wn am ddim a lanha
 Gywilydd Duw ac Allah.

*   Huw Edwards (Pantycelyn)*

Er i oes lom yr eisiau — a'i haberth
   Fynd heibio i ninnau,
 I ie'nctid ein gofidiau
 Awn yn ôl, a'r plant yn iau.

*   Gwilym Fychan (Bro Ddyfi)*

Am mai hwyl yw chwarae mig â bywyd,
   Am fod byw mor unig,
 I waed hurt ei hienctid hi
 Gyrra'r nodwydd grynedig.

*   Emyr Davies (Y Taeogion)*

Bu Wil yn gwneud *swill,* nôl y sôn a gaed,
   ac er i bobl Arfon
 glywed rhyw arogleuon
 mae'r drewi mawr draw ym Môn.

*   T. Arfon Williams (Caernarfon)*

Bu Wil yn dysgu sbelio — yn Gymraeg,
   Mae'i wraig yn ei swcro;
 Os digwydd iddi lwyddo
 Ni chlywir r*Hague* o'i geg o.

*   Geraint Jones (Bro Alaw)*

Yn y toilet mae'r teli — i Waldo
   Weld ei hoff raglenni.
Mae Waldo'n un rhwym weldi,
Mae yno'n awr am wn i.

                    Iolo Wyn Williams (Tregarth)

'Pwy ŵyr,' meddai Miss Parri — o'i hadwyth,
   'Pwy yw tad fy mabi.
Y mae hyn rhwng Duw a mi
Yn unig — a Wil Meini.'

                    Gwilym Fychan (Bro Ddyfi)

Pwy ŵyr a yw'r papurau — i'w coelio,
   Ond mae'u celwydd weithiau
Yn felyswin i ninnau —
Pris y gwir yw pres y gau.

                    Alun Jenkins (Ffair-rhos)

Hir yw'r gwaith a'r oriau i gyd — inni oll
   Ond mewn hoe mae gwynfyd;
Am hynny bydd y munud
Byr weithiau i bawb werth y byd.

                    Eirwyn Williams (Llanbed)

Mae ardal yn y galon — a erys
   Yn erwau'r atgofion;
Bro ddedwydd ein breuddwydion
Bore oes yw llwybrau hon.

                    Dai Jones (Crannog)

Mae ardal yn y galon — na fedraf
    Adrodd ei dirgelion
  Na rhannu ei chyfrinion;
  Anian yr hunan sy'n hon.

Mererid Hopwood (Bro Myrddin)

Mae ardal yn y galon, — hyn y gwn,
    Mae ar gau rhag dynion;
  Ond mae Un ŵyr yn union
  Y gwir noeth a geir yn hon.

Havard Gregory (Parc y Rhath)

Unwaith yr oeddwn innau — yn ebrwydd,
    Yn ddibris o'm horiau;
  Erbyn hyn 'rwy'n cael mwynhau
  Diogi, ar adegau.

Iolo Wyn Williams (Tregarth)

Hyd yma nid yw amod y rhybudd
    Ond rhywbeth i'w drafod;
  Â gwedd y diwedd yn dod
  Dy obaith yw cydwybod.

Lynn Davies (Penrhosgarnedd)

Mi wn fod pob dymuniad — wedi mynd,
    Dim ond rhan o 'mhrofiad
  Yn awr wyt ti, 'neno'r Tad,
  Inc oer ar lythyr cariad.

Emyr Lewis (Cwm Tawe)

Cefais fy siâr o garu — yn gynnar
   Ac yna difaru;
Mae y gath a dwy fam-gu
A'r musus i'm gormesu!

Arwyn Roberts (Bro Alaw)

Bûm unwaith, heb ymuno — yn aelod,
   Yn addoli'n Seilo;
Wyth o henoed ddaeth yno,
A heddiw'r glwyd sydd ar glo.

W. J. Williams (Bro Tryweryn)

Bûm unwaith yn obeithiol — y gallwn
   Drechu'r golled ingol.
Anodd 'nawr, na ddaw hi'n ôl,
Yw rhosynnu'r presennol.

Siôn Gwyndaf (Bro Dysynni)

Yn ôl capelwr selog — y mae sôn
   Fod Miss Huws yn feichiog
O'i hanfodd. Galwodd rhyw Gog,
A hwnnw'n fachan enwog.

Dai Rees Davies (Ffostrasol)

Wedi cael bywyd caled — yn ddulas
   Mae'i ddolur i'w weled,
Ac o lais trwy drwch o gled
Mae y glo mwy i'w glywed.

Dai Jones (Crannog)

Y mae Hi yn fy meio — nad ydwi'n
   Deidi nac yn garddio,
  Llnau'r gegin na choginio;
  Ond dwi'n fardd — a dyna fo.

Myrddin ap Dafydd (Nantconwy)

Paham fy mod yn amau y diwedd,
   Pan fo Duw drwy'r oesau
  Yn awyddus i faddau
  I'r hwn sy'n edifarhau?

Dai Rees Davies (Ffostrasol)

Sol-ffa

Hyn sydd wir, os tynnir 't', — wedi i ru
   'doh' a 'ray' ddistewi,
  os 'fah' a 'lah' a ddilëi,
  nid oes mwy ond 'soh' a 'mi'.

Dylan Jones (Y Taeogion)

Gwladys Rhys
(W. J. Gruffydd)

Wedi bod yn gysgod gwan — o'i henaid
   Aflonydd ei hunan,
  Un noswaith ddall aeth allan
  Tua'r llais tu hwnt i'r llan.

Tudur Hallam (Pantycelyn)

Lloegr v Yr Almaen

Y mae'r ymbil mor hiliol — ac yma
   Nid gêm ydyw ffwtbol
  A'n 'goliau ni' yn galw'n ôl
  Y ffeinals o'r gorffennol.

Idris Reynolds (Crannog)

Swyddfa'r Post

Ei weini gaiff Sais uniaith — heb ofid
   A heb ofyn ddwywaith,
  Ond i ni rhaid gwadu'n hiaith
  I wylaidd holi eilwaith.

Iwan Bryn James (Y Cŵps)

Llyn

Y llyn yw'r galon lonydd, — yr anaf
   Ym mryniau Meirionnydd;
  Hwn yw'r staen ar draws y dydd,
  Llyn Celyn y cywilydd.

Huw Edwards (Pantycelyn)

Eira Ddoe

Yn y gwanwyn, os gwynias yw ein serch,
   os sicr yw'n priodas
  a thyner ein perthynas,
  eira ddoe o hyd rydd ias.

T. Arfon Williams (Caernarfon)

'EMYR W. WOZ ERE 14.6.91'

O achos ein creu angheuol, yr oedd
   yng ngraen y ddesg ysgol
  enwau a rhifau ar ôl
  yn gywyddau tragwyddol.

Ceri Wyn Jones (Y Taeogion)

Nos Galan 2000

Un noson, maen nhw'n honni, — i'n harwain
   Daw seren y geni;
  A fydd gwawr newydd i ni,
  Mileniwm o oleuni?

Carys Hall Evans (Yr Awyr Iach)

Ci Tywys Cyntaf i'r Deillion
(Ymson perchennog y ci ar y rhaglen Blue Peter*)*

Dallineb ydyw llenwi — y ddaear
   Â rhyw ddüwch drosti,
  Ond mae mwy na'r byd i mi
  I'w weld trwy lygaid Goldie.

Dylan Jones (Y Taeogion)

Gwirfoddolwyr

O'r gwŷr dewr ar giwiau'r dôl y mae un
   yn mynd yn dragwyddol
  i Dir Neb yn ddi-droi'n-ôl
  a rhoi'i fedd yn wirfoddol.

Ceri Wyn Jones (Y Taeogion)

Eisteddfod yr Urdd 1997

Naws yr ha' sy'n Sirhywi, — y mae'r 'Storm'
    Ers talm wedi tewi,
  A bro Islwyn a'r llwyni'n
  Llawenhau'n ein lliwiau ni.

Idris Reynolds (Crannog)

Wedi'r Arwerthiant
(Yn hen gartref fy hynafiaid)

Wedi'r gwerthu'n nhŷ fy nhaid — ac yna
    Digoni'r cwsmeriaid,
  Y mae hendref ei ddefaid
  Yn llawn distawrwydd a llaid.

Gwilym Jones (Manion o'r Mynydd)

Jiwdas
(Fersiwn 1997)

Un gwirion, hurt, gŵr y NA, — yn fradwr
    â'i fryd ar farchnata
  tail ei Brydeindod tila;
  ac mae'r diawl 'yn Gymro da'!

R. Gwynn Davies (Waunfawr)

Llyn Eiddwen

*(I'r beirdd sydd â'u cofeb ar Fynydd
Bach ger Llyn Eiddwen)*

Darfu rhodio'r hyfrydwch — i'r rhai hyn,
   Ond rhannant yr heddwch;
  Llyn Eiddwen ry'r llonyddwch
  A'i niwl llaith yw amdo'r llwch.

*   Ken Griffiths, (Tan-y-groes)*